GONGLU JIPEI SUISHI JICENG
GUANJIAN JISHU YANJIU

公路级配碎石基层关键技术研究

郭 超 于保阳
陆征然 郝从娜 著

人民交通出版社股份有限公司
北 京

内 容 提 要

本书依托抚顺市前三线、鞍山桓盖线、铁岭铁长线试验路工程开展了级配碎石基层在普通公路沥青路面中的应用研究。通过级配碎石基层材料组成分析、物理力学性能测试、CBR室内和现场试验等获得级配碎石基层沥青路面结构设计和分析的重要参数，同时，结合弹性层状体系理论和有限元方法，分析在不同荷载等级下，碎石基层沥青路面的结构力学响应。

本书可作为从事道路工程设计、施工的技术人员、安全监督人员、监理人员和监管人员的参考书，同时，可供相关专业的土木工程施工技术研究工作者和工程技术人员阅读。

图书在版编目(CIP)数据

公路级配碎石基层关键技术研究 / 郭超等著. —北京：人民交通出版社股份有限公司，2021.8

ISBN 978-7-114-17229-8

Ⅰ. ①公… Ⅱ. ①郭… Ⅲ. ①碎石土—路面基层—道路施工—研究 Ⅳ. ①U416.204

中国版本图书馆CIP数据核字（2021）第066223号

书　　名：公路级配碎石基层关键技术研究
著 作 者： 郭　超　于保阳　陆征然　郝从娜
策划编辑： 邵　江
责任编辑： 邵　江　刘楚馨
文字编辑： 张江成
责任校对： 赵媛媛
责任印制： 刘高彤
出版发行： 人民交通出版社股份有限公司
地　　址：（100011）北京市朝阳区安定门外外馆斜街3号
网　　址： http://www.ccpcl.com.cn
销售电话：（010）59757973
总 经 销： 人民交通出版社股份有限公司发行部
经　　销： 各地新华书店
印　　刷： 北京虎彩文化传播有限公司
开　　本： 787×1092　1/16
印　　张： 10.75
字　　数： 227千
版　　次： 2021年8月　第1版
印　　次： 2021年8月　第1次印刷
书　　号： ISBN 978-7-114-17229-8
定　　价： 50.00元

前言

为了满足我国日益增大的交通量及载重量的需求，具有高强度、刚度大和承载能力大的半刚性基层被普遍应用于高等级道路的路面基层中。然而，由于半刚性基层材料存在温缩、干缩等特点，致使半刚性基层常常出现收缩裂缝，进而引起沥青路面在正常运营过程中产生反射裂缝及水损害等病害，影响路面服务寿命。此外，半刚性基层路面一旦遭到破坏，就没有好的方法进行修补复原，只能通过全部挖出重新修建的手段，所以修复成本十分巨大。

在沥青面层与半刚性基层之间加铺一层优质密实，且具有一定厚度的级配碎石基层，一方面，其充当排水层，有效减少路面的水损害；另一方面，其阻止了半刚性基层的裂缝向面层传递且自身不发生结构性破坏，因此，设置碎石过渡层的路面结构形式可以有效缓解半刚性基层沥青路面反射裂缝及水损害等病害，并且，级配碎石材料具有廉价、施工方便等优点。

本书以实际项目为依托，分别铺筑了抚顺市前三线、鞍山桓盖线、铁岭铁长线三条试验路工程，从碎石基层的材料组成设计、路面结构组合、碎石基层材料路用性能参数、施工工艺、施工质量控制指标和标准等方面，开展了级配碎石基层在辽宁地区普通公路沥青路面中的应用研究，主要内容如下：

（1）级配碎石基层材料组成研究

借鉴已有成熟的研究成果，运用辽宁地区常用的碎石材料，提出合理粒料的级配范围和要求。

（2）级配碎石基层材料基本物理性质技术参数试验研究

根据《公路路面基层施工技术细则》（JTG/T F20—2015）的相关要求，以实际工程为依托，对铺设试验路工程所用级配碎石材料的物理性质技术参数进行试验研究。

（3）级配碎石基层材料路用性能研究

系统开展了级配碎石基层材料路用性能参数的研究。除了进行室内试验研究以外，还结合试验路工程，对级配碎石基层材料进行现场原位测试，既验证室内试验的成果，又为制定碎石基层的施工质量控制标准积累数据。

(4)碎石基层沥青路面结构组合研究

结合弹性层状体系理论和有限元方法,分析在不同荷载等级下,碎石基层沥青路面或碎石过渡层材料沥青路面的结构力学响应,从而为结构组合设计提供理论支持。

(5)碎石基层施工工艺研究

结合试验路段的具体施工过程,针对施工设备的选择、碎石混合料拌和、摊铺及碾压方式等技术环节进行了重点研究。

(6)施工质量控制指标和控制标准的研究

本项目铺筑了3条试验路,分别是抚顺市前三线、鞍山桓盖线、铁岭铁长线。在碎石基层施工完成后,选用回弹模量、压实度和弯沉等指标来控制碎石基层的施工质量。试验路铺筑完成后,对试验路的交通量和路用性能进行了为期两年的检测。最后,根据试验路长期路用性能检测和观测结果,确定施工质量控制指标和控制标准。

本专著由沈阳建筑大学土木工程学院郭超副教授、沈阳建筑大学交通工程学院于保阳高级实验师、沈阳建筑大学土木工程学院陆征然副教授、沈阳城市建设学院郝从娜讲师共同撰写。在编写本书过程中参考并引用了国内外一些已经公开出版和发表的著作和文献,并得到了许多专家学者的帮助,在此表示衷心感谢!

衷心希望本书提供的内容能够对读者有所帮助。由于作者水平有限,书中难免存在不妥之处,恳请广大专家和读者指正,以便今后进一步完善。

郭　超

2021年4月

目录

第1章
绪论

1.1 级配碎石基层应用背景

改革开放以来，公路交通事业的迅速发展为国民经济、社会发展和人民生活提供了基本保障，我国的公路建设用了短短十几年的时间走完了发达国家近半个多世纪的发展历程。

现行《公路沥青路面设计规范》(JTG D50-2017)中，按照在设计使用年限内通过设计车道的累计大型客车和货车交通量的不同，将路面结构所承受的交通荷载分成极重、特重、重、中等、轻五个等级。

从前，我国的路面结构大多为泥结碎石、级配碎(砾)石、渣油表面处治、贯入式路面，此种路面只适用于中等及以下交通等级。逐渐地，发展到现阶段的沥青混凝土和水泥混凝土高级路面。

为了适应更大交通荷载等级，特别是重载交通日益增长的需要，半刚性基层因其具有较高的强度、刚度、承载能力、荷载扩散能力和抗行车疲劳性能等特点，被广泛应用于各级公路尤其是高速公路沥青路面的建设中，为降低路表弯沉、减薄沥青面层的厚度及降低工程造价等创造了有利条件。应该说，半刚性基层沥青路面在特定历史时期为我国的公路建设作出了特别的贡献。

然而，由于半刚性基层材料存在温缩、干缩等特点，致使半刚性基层常常出现收缩裂缝，从而引起沥青路面发生反射裂缝。反射裂缝来不及修补，雨水、雪水等通过反射裂缝和其他途径进入路面并到达基层，且不能迅速排走，滞留在面层和基层之间，使路面结构水损害严重，在大量行车荷载反复作用下，致使路面使用性能在短期内迅速恶化，沥青路面结构达不到设计使用年限就不得不进行“开膛破肚”式的大修，导致交通中断，给人们的生产、生活带来不良影响，造成直接或间接的经济损失。以上所提到的半刚性基层沥青路面存在的问题，已经被近年来我国的公路建设和应用实践所证实，这里不再赘述。

鉴于半刚性基层沥青路面结构存在的问题，人们也在不断研究克服该问题的技术方法和措施。例如，通过改进半刚性基层材料组成设计提高半刚性基层材料抗温缩和干缩的性能，在面层和基层之间设置应力吸收中间层，以及增加沥青面层厚度等。限于技术和经济方面的原因，这些技术方法和措施都存在各自的问题，没有得到推广和应用。

级配碎石材料由于其具有廉价、施工方便等优点，一直在公路建设中发挥着重要作用。早在新中国成立初期，由于我国筑路技术以及经济发展水平相对较低，各地根据就地取材的原则，广泛修筑了级配碎石基层。

近年来，采用级配碎石基层的沥青路面或在半刚性基层和沥青面层之间设置碎石过渡层的路面结构形式开始得到人们的重视，相关的研究成果正在不断出现。与半刚性基层沥青路面结构相比，设置级配碎石基层的沥青路面有如下特点：

（1）级配碎石基层作为排水层，可以有效减少路面的水损害。

（2）如果将级配碎石基层设置于半刚性基层和面层之间，可以阻止半刚性基层的裂缝向面层传递。

（3）碎石基层不会发生结构性破坏，处理路面病害可以只在面层进行。

但级配碎石基层沥青路面也存在一些自身的问题，与半刚性基层材料相比，级配碎石基层本身强度较低，易变形、且抗疲劳能力较低，在重载作用下对面层材料技术要求相对较高。但只要我们在材料和结构上进行深入研究，吸收和借鉴国内外在该领域内研究的成功经验，科学设计和使用碎石基层，充分发挥碎石基层沥青路面的优势，限制其不足之处，相信这种路面结构将会得到成功应用。

无论作为半刚性基层与沥青面层之间的过渡层，还是作为柔性路面的基层，级配碎石都将是一种非常有潜力的路面材料。因此，开展级配碎石的研究和应用，对于改变目前我国千篇一律的半刚性基层沥青路面结构形式、解决由此引发的各种病害、丰富我国的道路结构方式，具有重大的现实意义。

1.2 国内外研究现状

1.2.1 国内研究状况

我国级配碎石应用较早，级配碎（砾）石、泥结碎石曾广泛应用于我国一般公路的基层和低等级公路的路面，但对碎石材料的级配要求不严，随意性较大。随着我国公路建设的迅速发展，为丰富我国路面结构形式，对柔性基层沥青路面结构的研究被重新提到日程上来。其中，作为柔性基层材料之一的级配碎石成为道路界关注的热点之一，国内学者的研究内容主要集中在以下几个方面：

1）关于级配的研究

《公路路面基层施工技术细则》（JTG/T F20—2015）中对级配碎石的组成设计较为简单，按原材料技术要求选择碎石材料后，根据推荐级配组成范围拟定初选级配，采用重型击实试验确定最佳含水率和最大干密度，对初选级配进行加州承载比（CBR）试验验证，确定满足要求的目标级配。但是推荐变化范围过宽，造成设计中的随意性较大，不同的设计人员，对级配碎石的认识不同，考虑的侧重点不同，在推荐变化范围内的取值就不同。

哈尔滨工业大学曹建新对级配碎石基层材料的级配设计方法进行了较为详细的研究，在嵌挤—密实结构的指导思想下，提出级配碎石材料的组成设计方法——填充系数法。填充系数法设计级配碎石混合料的思路如下：

（1）设计主骨架，实测其空隙率；

（2）设计细集料，进行工艺试验并测其空隙率；

（3）将细集料、细集料中的空隙和水按照不同的填充系数填充主骨架空隙，与主骨架形成不同级配的混合料。

这种设计方法充分考虑了填充系数对嵌挤和密实程度的影响，在保证细集料通过率的前提下，不同的填充系数，有利于根据试验结果分析结构形式。

2）关于级配碎石材料物理技术指标的研究

对于碎石材料本身的质量控制，一般采用材料的物理技术指标和集料的生产工艺内在性质的控制进行评定。我国的规范中采用的控制试验简单实用、便于操作，能很好地反映材料的基本性能。一般采用规范中级配碎石材料的物理指标对其进行控制，如表 1-1 所示。

技术指标汇总表 表 1-1

实验项目	细集料指标	粗集料指标	实验项目	细集料指标	粗集料指标
液限	＜28%	—	坚固性	＜12%	＜12%
塑性指数	＜9%（潮湿为 6%）	—	针片状颗粒含量	—	＜20%
砂当量	＞60%	—	洛杉矶磨耗值	—	＜35%
压碎值	—	＜26%	破裂面（砾石）		两个面含量大于 60%

3）关于回弹模量的研究

目前，松散粒料的室内弹性模量测定方法主要是三轴试验、室内重复加载试验等。由于动三轴试验能模拟级配碎石三向受压这一复杂应力状态及反复动荷载作用，因而，室内重复动三轴试验是研究级配碎石材料回弹模量最为有效的途径。但是三轴仪造价高，试验操作烦琐复杂，对操作人员有较高的要求，很难在实际工程中大量使用。MTS 材料试验机重复加载法也是用来测定回弹模量普遍采用的方法。该试验方法通过在试件顶端重复施加具有一定波形和频率的动态荷载，来模拟实际路面的受力情况。

长安大学王修山博士采用动态三轴试验对级配碎石回弹模量进行了研究，研究表明：

（1）影响模量的重要因素是围压与偏压，两者的共同作用使得级配碎石的模量值发生变化。围压制约着偏压对模量的影响，但当围压较大时，偏压能发挥阶段性的作用；偏压力的大小决定着围压对级配碎石回弹模量增长贡献的高低，在偏压大的情况下，围压越大则越能发挥其功效。

（2）骨架密实结构的模量优于悬浮密实结构，且围压较大时，表现明显。

（3）当材料含水率大于最佳含水率时，随着含水率的增加，其回弹模量反而减小。

（4）在重复荷载试验条件下，级配碎石的模量随着应力水平的增加而增加。因此，施工时应尽可能地保证在最佳含水率下摊铺级配碎石层。

湖南省交通科学研究院的钟梦武、吴善周在分析了现有级配碎石回弹模量试验方法所存在的问题，并在分析其原因的基础上，提出了一种新的级配碎石回弹模量室内试验方法——有侧限顶面法，推导了侧限修正系数公式，并对侧限变形引起的误差进行了分析；在此基础上，将其结果与室内承载板法试验结果进行了对比。有侧限顶面法力学模式简单明了，物理含义明确，操作简单易行，测试结果比较准确，克服了现有其他测试方法存在的一些缺点，如测试结果严重偏小，与实际情况不符；测试工作量大，较麻烦；仪器设备、试验过程比较复杂，物理含义不明确，实用性差等。该方法可以作为级配碎石回弹模量测试的标准方法。

4）关于 CBR 的研究

《公路沥青路面设计规范》(JTG D50—2017)规定：当采用重型击实标准设计时，基层压实度应大于 98%，CBR 值不应小于 100%；底基层压实度应大于 96%，CBR 值不应小于 80%。

东南大学的何兆益等认为，级配碎石材料振动成型试样的 CBR 值、弹性模量均高于同等密度情况下击实成型试样。通过对各种室内成型试件的 CBR 测试试验分析，以获得级配碎石最大 CBR 值来看，最大粒径以 37.5mm 为最佳。

哈尔滨工业大学的王磊通过静三轴试验，分析了含水率和剪切速率对级配碎石抗剪强度的影响，建立了 CBR 和抗剪强度之间的关系，提出了基于满足级配碎石抗剪要求的沥青面层最小厚度设计方法。

5）关于级配碎石非线性的研究

哈尔滨工业大学的任瑞波等，在考虑级配碎石非线性（弹塑性）特性基础上，分析了路面结构层底面弯拉应力的变化规律，证明了塑性突出的级配碎石层能显著改善路面结构的力学性能，合理的设计能改善路面的使用性能，并对具有碎石基层半刚性沥青路面结构的沥青面层的抗疲劳寿命进行了预估。

同济大学的袁峻，在三轴试验的基础上，建立了级配碎石的动回弹模量随应力状态而变化的非线性模型，并对影响级配碎石回弹模量的各因素以及它们的影响趋势进行了评价。

同时，提出了我国级配碎石基层的结构设计参数。

大连理工大学陈静云对级配碎石材料进行室内动三轴的试验研究表明，级配碎石在一定荷载作用下，存在弹性变形和塑性变形，且塑性变形与弹性变形相比是不能忽略的。级配碎石的应力状态对回弹模量的影响最大，而回弹模量依赖第一应力不变量且呈现出明显的非线性特征。

重庆交通大学的柳音对三种级配的级配碎石混合料进行了不同应力水平、不同物理状态下的重复加载试验，并对级配碎石永久变形和回弹模量影响因素进行了分析。结合试验数据，在前人研究的基础上，拟合出永久变形的预估模型，并且得到结论：

（1）影响级配碎石粒料层永久变形的主要因素有行车荷载的作用应力、交通荷载作用次数、路面结构层的干湿状况以及路面组成材料等。

（2）永久变形随着荷载作用次数的增加而增加，而且荷载作用前期增加较快，后期永久变形增长减慢；应力越大，级配碎石粒料的永久变形越大。

（3）含水率对粒料的永久变形影响也比较大，在最不利情况下，轴向塑性变形增幅最大。

（4）应力水平对级配碎石粒料变形特性影响最大。

6）关于级配碎石基层沥青路面结构分析的研究

同济大学袁峻，利用 KENLAYER 程序对级配碎石基层沥青路面这一结构进行了受力计算。计算结果表明：在半刚性基层沥青路面之间加设级配碎石层后，道路结构的受力状况发生了变化。路面的各项破坏控制指标均增加，其中，以面层底面弯拉应力和面层内的剪切应力增加显著。由于级配碎石模量的非线性变化特性，沥青面层厚度、模量以及级配碎石层本身的厚度是影响级配碎石层模量的主要因素。为控制结构不产生破坏，应使用较厚的面层，且不宜使用模量大的沥青材料。

《公路沥青路面设计规范》（JTG D50—2017）中明确提出了柔性基层的概念，并对级配碎石材料设计参数方面进行了修订，表 1-2 表示了《公路沥青路面设计规范》（JTG D50—2017）（以下简称“新规范”）相对于《公路沥青路面设计规范》（JTG D50—2006）（以下简称“旧规范”）的一些变化。

新、旧规范推荐级配碎石模量对比 表 1-2

规　范	级配碎石规格要求	抗压模量（MPa）
旧规范	上基层（过渡层）	300 ~ 350
	基层	250 ~ 300
	底基层	200 ~ 250
新规范	基层连续级配型	300 ~ 350
	基层骨架密实层	300 ~ 500
	底基层、垫层	200 ~ 250

从表1-2中可以看出，用作基层的级配碎石，其强度（模量）都比传统认识有了提高，尤其是骨架密实型结构，其强度提高更大。人们对级配碎石材料的结构功能特性以及现实意义已经有了进一步深入的认识，级配碎石的作用在一定条件下将得到充分的发挥。

可以看出，我国已从试验路的观测阶段进而向理论研究发展，并在许多方面形成共识。但是鉴于级配碎石显著的非线性特点以及没有结合料处治而使成型试件无法脱模等原因，使得这一看似十分简单的结构，在室内试验以及现场应用中还是存在很多未解决的难题。而且，目前国内对级配碎石的应用研究，主要集中在用半刚性基层与沥青面层之间的过渡层抑制反射裂缝的作用上，而对将级配碎石作为柔性路面基层的研究相对较少。

为此，有必要对含级配碎石基层的沥青路面进行系统理论分析和研究，尤其是级配碎石层材料力学特性对整个路面受力的影响，以期能指导级配碎石基层沥青路面的设计与施工，并对碎石基层的进一步推广提供理论上的支持。

1.2.2 国外研究现状

无结合料的粒料基层在国外是一种极为普遍的结构形式，对于级配碎石材料性质的研究较多。但优质的级配碎石主要设置为基层或底基层，将其作为半刚性基层与沥青面层之间的中间层并不多见。在美国、澳大利亚及南非，有将级配碎石层作为减小沥青面层反射裂缝层的实例，且效果良好。国外一般将级配碎石作为下基层，较厚的沥青混凝土起到了上基层的作用，因此，对碎石的级配要求不高，通常采用美国国有公路管理员协会（AASHO）、美国材料实验协会（ASTM）等标准，这些标准较宽松，不适用于作为基层或过渡层级配碎石的要求。

国外近年来主要对级配碎石的非线性力学特性进行了大量研究，主要研究内容可以体现在以下几个方面：

（1）级配碎石材料应力—应变非线性特性研究

由于粒料类基层材料明显的弹塑性特点，应力—应变关系通常不是线性关系而是非线性关系，其回弹模量也不是常数，而是依赖于材料的应力状态变化。即模量因汽车荷载大小、路面结构层次及各层次的厚度和刚度不同以及所处路面结构内的位置不同而不同。柔性基层路面中，级配碎石层的力学性能对于整个道路结构整体性有很大的影响，因而成为国外的研究重点之一。

$k-\theta$模型是最经典的级配碎石本构模型。Yandell（1966）指出，在高侧限压力水平下，偏应力的影响很小；Seed（1967）也认为回弹模量是主应力之和或体积应力的函数（如第一主应力不变量）；Hick和Monismith（1971）得到同样的结论：$M_{\mathrm{r}}=k_1\theta^{k_2}$。其中，

$\theta = \sigma_1 + \sigma_2 + \sigma_3$；$k_1$、$k_2$为动三轴试验获得的回归常数。

自20世纪60年代以来，在大多数实验室和足尺研究中，此模型成为基本的模量—应力关系。1986年美国国家高速公路和交通运输协会（AASHTO）指南中推荐使用$k-\theta$模型。后来Uzan又对$k-\theta$模型进行修改，模型被定义为$M_r = k_1\theta^{k_2}\sigma_d{}^{k_3}$，其中$\sigma_d$为施加的偏应力。通过增加偏应力来说明其剪切性能，Uzan模型与实际结果吻合较好。这主要在于Uzan模型能真实反映剪应力和剪应变对碎石材料性能的影响。

（2）永久变形

级配碎石最大的不足就是整体性较差、塑性变形较大，由此可能引发的问题是车辙、抵抗永久变形能力不足。为此，国外许多学者对其进行了相应研究。

瑞典皇家技术学院公路工程分院的F.Lekarp和英国诺丁汉大学的A. Dawson给出了一种新的模拟无结合粒料材料永久变形行为的模型，该模型在考虑最大剪应力比及应力路径的情况下，将在任何给定荷载作用次数下的永久轴向应变表达为应力的函数，模拟结果与安定理论相吻合。在低应力比情况下，永久变形的累积保持不变达到一个平衡状态，从中可以得到一个极限应力比，即所谓的安定极限，在这一极限以上材料发生增量失稳或渐变失效。

荷兰代尔夫特理工大学的A.A .Van Niekerk花费6年时间专注于路面粒料层行为研究并指出：对于薄层沥青路面及低质量基层底基层材料，源于基层、底基层及路基的永久变形应该作为一个设计标准考虑；这些路面的使用寿命不能仅考虑沥青层及路基应变，把握好基层材料的应力依赖行为对于理解永久变形非常重要。

德国德累斯顿大学的Sabine Werkmeister致力于未处治粒料的永久变形行为研究，在大量重复荷载三轴试验的基础上建立模型，用以描述和计算在路面结构中使用未处治粒料材料的永久变形。在此基础上，应用有限元计算法建立解析路面设计模型。此外，他还介绍了对安定性理论的理解，并认为最终永久变形的发展通常可以被安定现象模拟出来。

从以上分析可知，国外对级配碎石基层的研究主要集中在级配碎石模量，且更偏重试验研究（动三轴试验），对含级配碎石基层的沥青路面有限元仿真模拟关注较少。国内虽然对含级配碎石基层的沥青路面进行了简单的有限元仿真，但还仅停留在静载作用下改变级配碎石层厚度和模量带来的路用性能的影响研究上，而级配碎石基层作为过渡层对半刚性基层反射裂缝的抑制仿真涉及较少。基于此，本书系统研究了级配碎石基层沥青路面结构中各变量对路面受力的影响，以期确定合理的路面结构参数，同时，分析动载条件下，级配碎石基层的永久变形特性，并基于断裂力学理论，分析级配碎石过渡层对反射裂缝的抑制作用。

1.3 本书主要研究内容

将级配碎石作为沥青路面的基层或作为半刚性基层与沥青面层之间过渡层（上基层），能否实现提高路面使用品质、延长道路寿命的目标，还需要从碎石基层的材料组成设计、路面结构组合、碎石基层材料路用性能参数、施工工艺、施工质量控制指标和标准等方面进行系统的理论和实践研究。本书基于实际工程项目，依托抚顺市前三线、鞍山桓盖线、铁岭铁长线试验路工程，开展了级配碎石基层在辽宁地区普通公路沥青路面中的应用研究，并对研究成果进行了详细介绍，主要内容如下：

（1）级配碎石基层材料组成研究

对于级配碎石材料的组成主要借鉴现行规范和已有成熟的研究成果，运用辽宁地区常用的碎石材料，提出合理粒料的级配范围和要求。

（2）级配碎石基层材料基本物理性质技术参数试验研究

根据《公路路面基层施工技术细则》（JTG/T F20—2015）的相关要求，对本项目中依托的试验路工程中所用级配碎石材料的物理性质技术参数进行试验研究，包括液限和塑性指数、针片状颗粒含量、含泥量、砂当量、压碎值和吸水率等，保证所用材料满足规范要求。

（3）级配碎石基层材料的路用性能研究

CBR 和回弹模量是级配碎石材料的主要路用性能参数，也是级配碎石基层沥青路面结构设计和分析的重要参数。为此系统开展了对级配碎石基层材料路用性能参数的研究。除了进行室内试验研究以外，还结合试验路工程，对级配碎石基层材料进行现场原位测试（弯沉和承载板试验），一方面部分验证室内试验的成果，另一方面也为制定碎石基层的施工质量控制标准积累数据。

室内试验重点采用 MTS810 材料试验机，对不同结构类型的级配碎石材料在不同应力水平下进行重复加载试验，以此获得级配碎石材料永久变形规律和动回弹模量。

（4）碎石基层沥青路面结构组合研究

结合弹性层状体系理论和有限元方法，分析在不同荷载等级下，碎石基层沥青路面或碎石过渡层材料沥青路面的结构力学响应，从而为结构组合设计提供理论支持。具体研究思路如下：

①研究级配碎石混合料的非线性（弹塑性）特性，应用有限元软件分析具有碎石基层路面结构的弯沉和各结构层的层底应力变化；

②考虑使用级配碎石基层，对路面沥青混合料的抗剪强度要求有所提高，因此必须研究碎石基层的合理厚度，以及沥青路面厚度与剪应力之间的关系；

③考虑碎石基层的厚度、模量等变化，进行参数敏感性分析，进而从理论上给出不同交

通荷载等级下级配碎石基层沥青路面的结构组合。

（5）碎石基层施工工艺研究

施工工艺是保证碎石基层实际使用性能的关键。本书结合试验路段的具体施工过程，针对施工设备的选择、碎石混合料拌和、摊铺及碾压方式等技术环节进行了重点研究。

（6）施工质量控制指标和控制标准的研究

施工质量是保证碎石基层应用的关键。因此，在碎石基层施工完成后，选用回弹模量、压实度和弯沉等指标来控制碎石基层的施工质量，控制标准根据已有成熟的研究成果，并结合试验路具体情况，通过理论分析进行确定。最后，实际的施工质量控制指标和控制标准根据试验路长期路用性能检测和观测进行确定。

（7）试验路路用性能后期观测

所铺筑的三条试验路，分别是抚顺市前三线、鞍山桓盖线、铁岭铁长线，对其进行对比研究。试验路采用了两种路面结构形式：一种是将级配碎石材料作为沥青路面的上基层，下基层为半刚性材料；另外一种是级配碎石作为整个路面结构基层的全柔性沥青路面结构。试验路铺筑完成后，对这两条试验路的交通量和路用性能进行了为期 2 年的检测。

第2章
级配碎石材料基本技术指标和配合比设计

2.1 级配碎石材料分析

由预先筛分的几档不同粒径的碎石及石屑，经严格级配设计而成的混合料，称为级配碎石。由于级配集料中没有水泥、石灰或沥青等胶结料，也常被称为无结合料（非胶结料）粒料。无结合料级配型集料强度的形成和抗变形能力主要与集料颗粒间的摩擦作用、嵌锁作用和黏结作用有关。摩擦作用本身与结构层中所产生的内应力以及颗粒接触面上能达到的摩阻力有关，即颗粒接触面能达到的摩擦力与颗粒的强度和颗粒的表面特性有关。根据这种观点，级配碎石是级配型集料中稳定性最好的材料，优质级配碎石基层强度主要来自碎石本身及碎石颗粒之间的嵌挤力。因此，对于碎石基层材料应保证具有高质量的碎石、良好的级配以及可靠的施工压实手段。

级配碎石由于本身的结构组成特点，具有很好的隔温、排水功能，并能有效防止反射裂缝的发生。在排水良好的前提下，级配碎石可以在不同气候区用于不同交通荷载等级的道路上，尤其在潮湿多雨的地区使用级配碎石特别有利。但是，与半刚性基层相比，级配碎石模量较低，其在承载力、抗车辙及抗疲劳等方面性能较差。如何充分发挥级配碎石的优势，避免或弥补级配碎石的缺陷，让级配碎石和半刚性基层协同工作发挥最佳效果，这是本章的重点研究内容。

2.2 级配碎石的物理技术指标

2.2.1 级配碎石材料的物理技术指标要求

对于无结合料黏结的级配碎石基层，其强度形成主要源于碎石本身强度和颗粒之间的嵌挤作用。高质量的碎石材料、良好的级配、精细的施工工艺，是保障级配碎石集料之间均匀嵌挤、密实，结构层总体上具有良好路用性能的基础。对于保证其原材料的质量，应从以下几个方面加以控制：

（1）砂当量

细料质量控制是指控制细料中有害物质的含量，如有机物、黏土等，一般采用砂当量作为集料技术要求的一个重要指标，用以控制级配碎石中细集料的质量。其中，碎石混合料中含有泥土是影响级配碎石力学性能的关键因素之一。我国现行级配碎石的集料技术要求指标中没有砂当量指标，而是以含泥量作为参考指标。考虑到细集料质量对级配碎石性能具有重要影响，而且砂当量试验相对应用较多，因此，对级配碎石细集料增加砂当量指标十分必要。根据我国的材料情况，建议级配碎石所用的细集料的砂当量不低于 60%。

砂当量可以按照《公路工程集料试验规程》（JTG E42—2005）中的细集料砂当量试验（T 0334—2005），并通过以下公式求得：

$$SE = \frac{h_2}{h_1} \times 100 \tag{2-1}$$

式中：SE——试样的砂当量（%）；

h_2——试筒中用活塞测定的集料沉淀物的高度（mm）；

h_1——试筒中絮状物和沉淀物的总高度（mm）。

（2）液限和塑性指数

塑性指数和液限主要控制 0.5mm 筛下细集料质量，而砂当量是控制 4.75mm 筛下细集料质量。

实践证明，0.5mm（国外一般为 0.425mm）以下颗粒液限、塑性指数越大，水稳定性越差，随着塑性指数增大，集料的 CBR 值迅速下降。在级配碎石中加入少量塑性细土，细集料的塑性指数增大，级配碎石的 CBR 值也随之迅速下降。同时，进一步研究表明，塑性指数增加较高的细集料，相同荷载下的变形也会增大；而塑性指数增加较低的细集料，会明显降低塑性变形。另外，塑性指数较高的细集料往往遇水易膨胀，也降低了材料的透水性和水稳定性，增加了冰冻敏感性。

《公路路面基层施工技术细则》（JTG/T F20—2015）中规定，液限不大于 28%；塑性指数对于潮湿地区不大于 6%，其他地区不大于 9%。

(3)压碎值和磨耗值

洛杉矶磨耗试验时，材料在选择的鼓形圆桶内被钢球冲击、压碎，这样能够模拟在拌和、施工中软弱粒料材料的破碎情况，所以一般普遍采用洛杉矶磨耗值作为集料强度的一个技术参数。洛杉矶磨耗值定义如下：

$$Q=\frac{m_2-m_1}{m_1}\times100 \tag{2-2}$$

式中：Q——洛杉矶磨耗损失(%)；

m_1——装入圆筒中试样质量(g)；

m_2——试验后在 1.7mm 筛上洗净烘干的试样质量(g)。

集料压碎值用于衡量石料在逐渐增加的荷载下抵抗压碎的能力，是衡量石料力学性质的指标，用于评定其在公路工程中的适用性。其定义如下：

$$Q_a'=\frac{m_1}{m_0}\times100 \tag{2-3}$$

式中：Q_a'——石料压碎值(%)；

m_1——试验前试样质量(g)；

m_0——试验后通过 2.36mm 筛孔的细集料质量(g)。

我国规范中一般将压碎值作为级配碎石的粗集料的强度技术指标，对于高速公路和一级公路，压碎值小于 26%，二级公路小于 30%，三级公路小于 35%。《公路沥青路面施工技术规范》(JTG F40—2004)中同时采用了压碎值和洛杉矶磨耗值作为沥青混合料粗集料的双指标控制。该技术规范对于高速公路、一级公路的磨耗值规定，一般混合料小于 30%，磨耗层小于 28%，并建议粗集料强度指标采用磨耗值指标。

由于我国幅员辽阔，各地材料差异性大，级配碎石用粗集料的强度标准不能太高，但也不能太低，参考《公路沥青路面施工技术规范》(JTG F40—2004)，在 28% ~ 30% 标准上可适当放宽到 35%。因此，建议级配碎石的集料强度指标采用压碎值和磨耗值双重指标控制，即要求压碎值 <26%、磨耗值 <35%。

(4)针片状矿物含量

粗集料的针片状颗粒，是指用游标卡尺测定的粗集料颗粒的最大长度(或宽度)方向与最小厚度(或直径)方向的尺寸之比大于 3 的颗粒。对于无结合料材料，粗集料的针片状颗粒含量会影响混合料的嵌挤，从而影响其强度，但是在我国基层规范中并没有这一指标的具体要求。

细长扁平颗粒容易在生产拌和、摊铺、碾压过程中压碎，因此，级配碎石中应该严格控制针片状颗粒含量。欧洲无结合料技术标准《土木工程和道路建筑用非结合和液压结合材料用集料》(EN 13242—2008)将无结合料混合料用粗集料的针片状颗粒含量作为一个重要材料技术指标要求，针片状颗粒含量（即长宽比大于 3∶1 的颗粒含量）根据等级情况，应满足不超过 20%、35%、50% 的要求，对于级配碎石可以控制在 20%。

通常，对于石灰岩和玄武岩等材料，只要选用合适的破碎设备，较易达到针片状颗粒含量小于 20% 的要求。根据我国材料情况，建议级配碎石针片状颗粒含量不大于 20%。

（5）坚固性指标

坚固性指标反映集料的耐久性。由于级配碎石层位较低，且为具有渗透性的混合料，集料之间没有任何胶结料包裹，与具有胶结料包裹的沥青混合料和无机结合料稳定材料不同，其受水、盐性物质的腐蚀影响较大，因此，应重视集料的坚固性。在国外很多规范中，对于沥青混合料，坚固性是个参考指标，但是对于级配碎石基层则是一个必须检测的参数。坚固性试验一般采用硫酸钠或硫酸镁溶液浸泡并经 5 个循环。坚固性指标采用各粒级颗粒的分计质量损失百分率表示，其计算公式如下：

$$Q_i = \frac{m_i - m_i'}{m_i} \times 100 \tag{2-4}$$

式中：Q_i ——各粒级颗粒的分计质量损失百分率（%）；

m_i ——各粒级试样试验前的烘干质量（g）；

m_i' ——经硫酸钠溶液法试验后各粒级筛余颗粒的烘干质量（g）。

对于级配碎石基层，当采用硫酸钠溶液浸泡经 5 次循环，质量损失百分率指标一般为 12%，也有放宽到 15%；而采用硫酸镁溶液浸泡经 5 次循环时，质量损失百分率一般为 20% ～ 35%。我国《公路工程集料试验规程》（JTG E42—2005）中坚固性试验（T 0314—2000）采用硫酸钠溶液浸泡 5 次循环，根据我国的材料情况建议坚固性指标采用经硫酸钠溶液浸泡 5 次循环，质量损失不大于 12%。

（6）其他因素对级配碎石材料技术指标的影响分析

不同集料岩性对于级配碎石混合料性能产生一定影响。研究表明，相同级配下，石灰岩级配碎石 CBR 强度大于花岗岩级配碎石 CBR 强度，而花岗岩级配碎石 CBR 强度大于玄武岩级配碎石 CBR 强度。因此，从集料岩性来说，石灰岩的级配碎石强度最高，性能最好；玄武岩级配碎石稍差。

砂和石屑的含量也对级配碎石影响较大。有些工程中，由于石屑的塑性指数较大，采用掺砂的办法以降低细料的塑性指数，而实际上，级配碎石中加入砂会起到润滑作用，不利于集料间形成嵌挤、稳定的骨架，且砂中 0.075mm 以下粒料的黏结能力差，与石屑中 0.075mm 以下粒料相比，胶结作用差。在重型击实试验脱模时发现，完全采用机制砂的材料试件基本不能完整成型，而完全采用石屑的试件基本能够成型。为了提高级配碎石基层的结构强度，建议我国公路上的级配碎石尽量采用完全轧制而成的石屑，并限制天然砂的使用比例。

根据我国的实际情况，推荐的级配碎石材料物理技术要求见表 2-1。

级配碎石技术指标汇总表 表 2-1

试验项目	细集料指标	粗集料指标
液限	＜28%	—
塑性指数	＜9%（潮湿为 6%）	—
砂当量	＞60%	—
压碎值	—	＜26%
坚固性	＜12%	＜12%
针片状颗粒含量	—	＜20%
洛杉矶磨耗值	—	＜35%
破裂面（砾石）		两个面含量大于 60%

注：表中数据来源于《公路路面基层施工技术细则》（JTG/T F 20—2015）和《公路沥青路面施工技术规范》（JTG F40—2004）。

2.2.2 试验路原材料的物理技术指标

本书中，基于在辽宁抚顺市前三线以及鞍山桓盖线铺筑的试验路进行研究。试验路中所采用的集料为石灰岩，根据石料现场的加工能力，将碎石分为以下 6 种规格：0 ～ 3mm、3 ～ 5mm、5 ～ 10mm、10 ～ 20mm、10 ～ 30mm、20 ～ 40mm。在室内对材料进行了基本物理性能试验，集料的针片状颗粒含量、含泥量、砂当量、压碎值、吸水率分别见表 2-2、表 2-3。

抚顺试验路级配碎石物理技术指标 表 2-2

检测项目	单位	集料试验结果							
		26.5mm	19mm	16mm	13.2mm	9.5mm	4.75mm	3 ～ 5mm	0 ～ 3mm
针片状颗粒含量	%	13.3	14.6	9.1	8.5	10.7	13.2	—	—
含泥量	%	0.568	0.516	0.424	0.2	0.3	0.3	—	—
砂当量	%	—	—	—	—	—	—	138.9	131.89
吸水率	%	—	—	—	—	—	—	—	8.92
压碎值	%	—	—	—	—	19.67	—		—
塑性指数	—	3.6							

鞍山试验路级配碎石物理技术指标 表 2-3

检测项目	单位	集料试验结果							
		26.5mm	19mm	16mm	13.2mm	9.5mm	4.75mm	3 ～ 5mm	0 ～ 3mm
针片状颗粒含量	%	1.07	14.71	12.62	16.59	25.17	26.16	—	—
含泥量	%	0.291	0.291	0.3	0.375	0.45	0.475	—	—
砂当量	%	—	—	—	—	—	—	132.73	108.85
吸水率	%	—	—	—	—	—	—	—	11.08
压碎值	%	—	—	—	—	19.96	—		—
塑性指数	—	6.8							

试验结果表明，试验路级配碎石原材料满足《公路路面基层施工技术细则》(JTG/T F20—2015)中有关基层用料的规定，为后续级配碎石的深入研究奠定了基础。

2.3　级配碎石的级配设计

级配是影响级配碎石强度与刚度的重要因素之一。一般来讲，密实的级配碎石易获得高密度，从而使级配碎石获得高的CBR值、回弹模量及抗永久变形能力。当材料具有较大密实度，并具有较好透水性时，即是所寻求的最佳级配。国内有关级配碎石级配设计方法主要有以下两种：连续级配的设计方法以及参考体积设计法设计沥青混合料而引入的填充系数法。但由于理论模型与实际情况有差距，仅根据这些理论并不能设计出性能良好的级配碎石，因此，需要将理论与实践相结合，从而得到实际所需的级配。

2.3.1　级配类型分析

材料的性能与结构有密切关系，结构决定了性能，尤其对于碎石材料，由于没有水泥、石灰或沥青等胶结料，其性能受结构的影响更为突出。按粗细集料分布情况的不同，粒料混合料可划分为如下三种物理状态。

骨架空隙结构：不含或含很少细集料的混合料，主要由粗集料相互接触、嵌挤形成骨架。它的密实度一般较低，但透水性较好。由于缺乏细集料颗粒的润滑、黏结作用，这种结构施工时压实困难。

骨架密实结构：粗集料仍相互接触、嵌挤形成骨架，同时含有适量的细集料填充空隙。密实度提高，抗剪强度也增强，但透水性降低，施工时易于压实成型，是较为理想的碎石结构。

悬浮密实结构：含有大量的细集料，没有或很少有粗颗粒与粗颗粒的接触，集料仅仅是悬浮于细集料当中。施工时最易压实，但由于细集料的含量相对过多，使其密实度有可能降低，难于透水，易冰冻，强度和稳定性受含水率影响很大。

石料在破碎过程中，一般都会在颗粒表面形成几个不规则的破裂面，面上呈凹凸状，并形成尖锐的棱角。因而，两相邻碎石颗粒的接触点通常不止一个，且接触点处的接触形式也可能有多种，如小的面—面接触、点—面接触、线—面接触、点—点接触等。对于骨架空隙与骨架密实结构而言，均具有上述接触形式，而对悬浮密实结构，主要的接触形式是点—面接触及点—点接触。在外界荷载作用下，前两种结构主要通过颗粒之间的撞击来传递荷载，而悬浮密实结构主要靠填充料的压缩分散荷载。单从力学角度上讲，前两种结构要比第三种结构具有更强的抗扰动能力。因此，在优质原材料的基础上，骨架密实结构更适合于承受重交通作用。

2.3.2 级配碎石推荐的级配范围

我国以往的设计规范中，虽然已指出“级配碎石可用于各级公路的基层和底基层”，但是由于当时人们对于这种松散材料的认识不够深入，对它的强度、抗变形能力以及耐久性等仍十分怀疑。因此，在我国并未真正地将级配碎石用于高等级公路建设中，而更多的是将它作为半刚性基层的底基层或者垫层来使用，其自身的许多优点并未发挥出来。由此导致的结果是级配碎石有关的技术规范过于简单笼统；没有将级配碎石层的不同功能（过渡层、基层、底基层等）区分开来做相应技术要求；级配要求不严、级配范围太宽，缺乏指导意义。旧规范级配碎（砾）石的颗粒组成范围见表 2-4。

旧规范级配碎（砾）石的颗粒组成范围 表 2-4

项目		二级及二级以下公路基层	高速公路及一级公路基层
		通过质量百分率（%）	
筛孔尺寸（mm）	37.5	100	—
	31.5	90 ～ 100	100
	19.0	73 ～ 88	85 ～ 100
	9.5	49 ～ 69	52 ～ 74
	4.75	29 ～ 54	29 ～ 54
	2.36	17 ～ 37	17 ～ 37
	0.6	8 ～ 20	8 ～ 20
	0.075	0 ～ 7	0 ～ 7

基于上述情况，在 2017 年实施的《公路沥青路面设计规范》（JTG D50—2017）中，明确提出了柔性基层的概念，再次指出“级配碎石可用于各级公路的基层和底基层”；将级配碎石分为防治反射裂缝的过渡层（上基层）和基层、底基层、垫层 3 种主要类型；对不同类型的混合料级配范围分别做了规定，并将基层级配分为骨架密实型与连续级配型。

0.5mm 和 0.075mm 两个筛孔对集料的密度和强度有很大的影响，同时也决定着级配碎石基层的渗水性能，因此，其通过率的确定要兼顾强度和渗水性能两个方面。由于我国级配碎石控制中没有 0.5mm 筛，可按照 0.6mm 筛孔进行控制。通过研究分析认为，0.6mm 通过率可以取 9% ～ 25%，在配合比设计时尽量向中值靠拢。0.075mm 通过率应根据各地具体条件而定，对于 0.075mm 通过率的确定应该充分考虑 0.075mm 以上颗粒含量对以上各性能的影响，综合考虑 0.075mm 通过率合理范围可以为 0 ～ 7%，对于潮湿、冰冻地区尽量取低限，可以为 0。

2.3.3　级配碎石材料的设计控制指标

CBR（California bearing ratio）是美国加利福尼亚州提出的一种评定基层材料承载能力的试验方法。具体来讲，当试料贯入量达 2.5mm 时，所需的单位压力与标准碎石达到相同贯入量时所得的标准单位压力的比值，并用百分数表示，称为 CBR 值。CBR 是评价无黏结粒料力学性能的一个指标，同时它反映了材料的竖向刚度和剪切强度。

美国材料试验协会（ASTM）标准《CBR 标准试验方法》（D193—93）指出，CBR 试验的目的是用于评估公路基层、底基层及垫层材料的潜在强度，是柔性路面设计方法的一个组成部分。由于 CBR 的试验方法简单、设备造价低廉，在许多国家得到广泛应用。

目前，我国基层施工技术规范对于级配碎石的设计方法采用的是重型击实设计标准。其中，对于级配碎石基层级配设计标准的相关规定如表 2-5 所示。

级配碎石材料级配设计标准　　表 2-5

类型	级配碎石基层	级配碎石底基层
规定	压实度 >98%，CBR ⩾ 100%	压实度 >96%，CBR ⩾ 80%

其他国家规范中，粒料基层混合料技术要求主要是混合料的 CBR 强度指标，而绝大部分也为重型击实标准，对于基层一般为 80%；也有以 R 值为指标的，基层一般为 78%。只有爱尔兰提出了振动成型标准。表 2-6 为部分国家及地区关于级配碎石混合料的技术要求。

部分国家及地区对粒料基层混合料的技术要求　　表 2-6

部分国家及地区	设计指标（%）	部分国家及地区	设计指标（%）
美国地沥青协会（AI）沥青路面设计方法（1971）	100（或 80）	爱尔兰②	150
美国地沥青协会（AI）沥青路面设计方法（1933）	80（或 78）	英国	80
美国加州	（或 78）	新西兰③	80
美国 AASHTO	80	加拿大 BC 省	80
日本	80	英国道路 31 号①	80
印度①	80	南非	级配碎石：级配 1 体积率 >86% ～ 88%；级配 2 体积率 >85%。 级配砾石、天然砂砾： 级　配 3，CBR>80，　级　配 4，CBR>45；级配 5，CBR>25
澳大利亚	查表	中国	160

注：表中数据（或）为 R 值，表示也可以用 R 值代替 CBR 试验作为其设计指标；其余数值为 CBR 值。CBR 数值中①表示轻型击实，②表示振动成型，其余为重型击实。③表示还有其他指标。

R 值试验及稳定度仪试验也是美国无结合料粒料材料的标准试验之一，相应规范为 AASHTO T246-74，其实际上相当于一个三轴试验，可以控制侧向应力，通过试验可以获得摩尔—库仑强度参数 c、φ 以及弹性模量 E。但是其设备比 CBR 复杂，同时需要严格标定，且试模较小，与 CBR 相比用得较少，仅美国部分州和我国台湾地区有少量应用。我国目前没有 R 值的试验方法和设备，因此，我国级配碎石混合料的设计指标主要采用 CBR 指标。

表 2-7 为部分研究机构采用重型击实级配碎石（含碎砾石）试件的 CBR 数值统计情况，从表中可以看出，CBR 小于 160 的个数为 146，占总数 268 的 54.5%，即如果按照 CBR 大于 160 的标准，至少有 54.5% 的试件不能满足要求。由此可以看出，CBR 为 160 的标准比较严格。表中数据除了哈尔滨工业大学的 CBR 数据部分小于 80 外，其他均只有小部分小于 80。各资料汇总后，CBR 小于 80 的个数占总数的 15.3%，交通运输部公路科学研究院 CBR 数据中小于 80 的主要是级配碎砾石，可见，级配碎石基层 CBR 为 80 的标准是一个最基本的要求，对于级配碎石一般很容易达到，对于级配砾石则不一定。

经重型击实的级配碎石（含碎砾石）试件 CBR 统计情况 表 2-7

数据来源		不同 CBR（%）的数值出现的试件个数								总数
		<80	80～100	100～120	120～160	160～200	200～250	250～300	300～350	
交通运输部公路科学研究院		8	17	16	37	36	33	25	11	183
东南大学		0	3	8	5	2	2	0	0	20
荷兰代尔夫特理工大学		3	2	1	1	3	2	6	2	20
哈尔滨工业大学		30	4	4	7	0	0	0	0	45
汇总	出现个数（个）	41	26	29	50	41	37	31	13	268
	累计率（%）	15.3	25.0	35.8	54.5	69.8	83.6	95.1	100	

通过表 2-7 中数据的分析，建议我国的级配碎石 CBR，对于重型击实设计方法，以 CBR 值大于 100% 作为设计控制标准。

2.3.4 试验路碎石材料级配设计

（1）原材料筛分试验

抚顺试验路的集料来源于抚顺哈达石场，岩石类型为石灰岩。根据石料现场的加工能力，现将碎石分为以下 6 种规格：0～3mm（1 号）、3～5mm（2 号）、5～10mm（3 号）、10～20mm（4 号）、10～30mm（5 号）、20～40mm（6 号）。筛分（干筛法）各规格粒径集料，筛分结果见表 2-8。

抚顺试验路集料筛分结果 表 2-8

材料规格（mm）	通过下列筛孔（mm）的质量百分率（%）												
	31.5	26.5	19	16	13.2	9.5	4.75	2.36	1.18	0.6	0.3	0.15	0.075
20～40	73.6	15.5	0	0	0	0	0	0	0	0	0	0	0
10～30	100	95.2	3.8	0.9	0.6	0.5	0	0	0	0	0	0	0
10～20	100	100	93.2	71.4	47.9	14.5	0.5	0	0	0	0	0	0

续上表

材料规格（mm）	通过下列筛孔（mm）的质量百分率（%）												
	31.5	26.5	19	16	13.2	9.5	4.75	2.36	1.18	0.6	0.3	0.15	0.075
5～10	100	100	100	100	100	96.9	8.02	0.86	0.77	0	0	0	0
3～5	100	100	100	100	100	100	95.44	5.18	1.68	1.60	1.58	1.56	0.51
0～3	100	100	100	100	100	100	97.63	71.48	45.67	31.68	21.59	16.34	8.35

鞍山试验路的集料来源于岫岩，岩石类型为石灰岩。根据石料现场的加工能力，将碎石分为以下6种规格：0～3mm（1号）、3～5mm（2号）、5～10mm（3号）、10～20mm（4号）、10～30mm（5号）、20～40mm（6号）。筛分（干筛法）各规格粒径集料，筛分结果见表2-9。

鞍山试验路集料筛分结果　　表2-9

材料规格（mm）	通过下列筛孔（mm）的质量百分率（%）												
	31.5	26.5	19	16	13.2	9.5	4.75	2.36	1.18	0.6	0.3	0.15	0.075
20～40	57.6	3.45	0.07	0	0	0	0	0	0	0	0	0	0
10～30	100	80.52	31.63	15.72	7.53	0.78	0	0	0	0	0	0	0
10～20	100	100	99.22	81.74	51.75	8.48	0.46	0.38	0.36	0.36	0.02	0	0
5～10	100	100	100	100	98.43	14.15	1.80	1.64	1.62	1.59	1.56	1.43	0
3～5	100	100	100	100	100	99.22	35.47	4.57	2.26	2.00	1.83	1.72	1.52
0～3	100	100	100	100	100	100	100	95.56	78.73	66.53	49.6	36.21	22.22

（2）合成配合比的确定

配合比设计主要是以获得良好的碎石级配、压实效果和施工可行性为原则。级配碎石的配合比以其各筛孔的通过量达到或接近规范要求的级配中值为最佳配合比。依据规范要求以及前人研究的成果，进行骨架密实型和连续级配型碎石材料的级配合成。

根据表2-8中筛分的结果，参照规范和长安大学郝培文教授推荐的级配范围，对抚顺试验路段所采用的集料进行合成配合比设计，得到的级配曲线，如图2-1～图2-4所示。

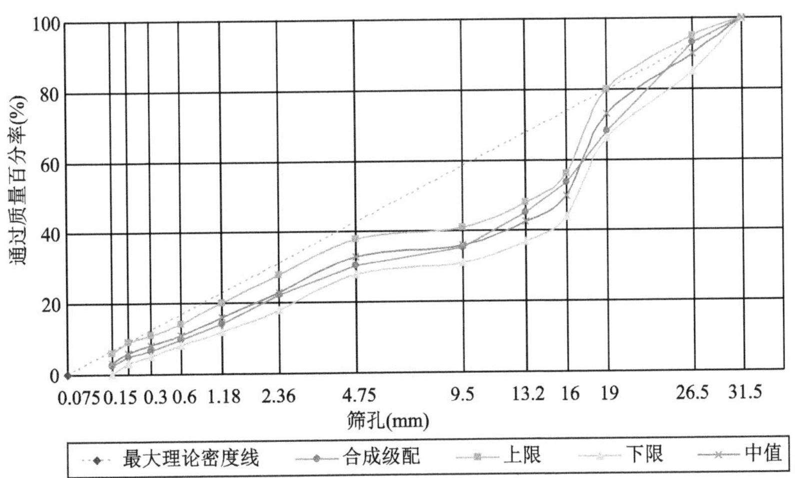

图2-1　规范推荐骨架密实型级配曲线（抚顺试验路）

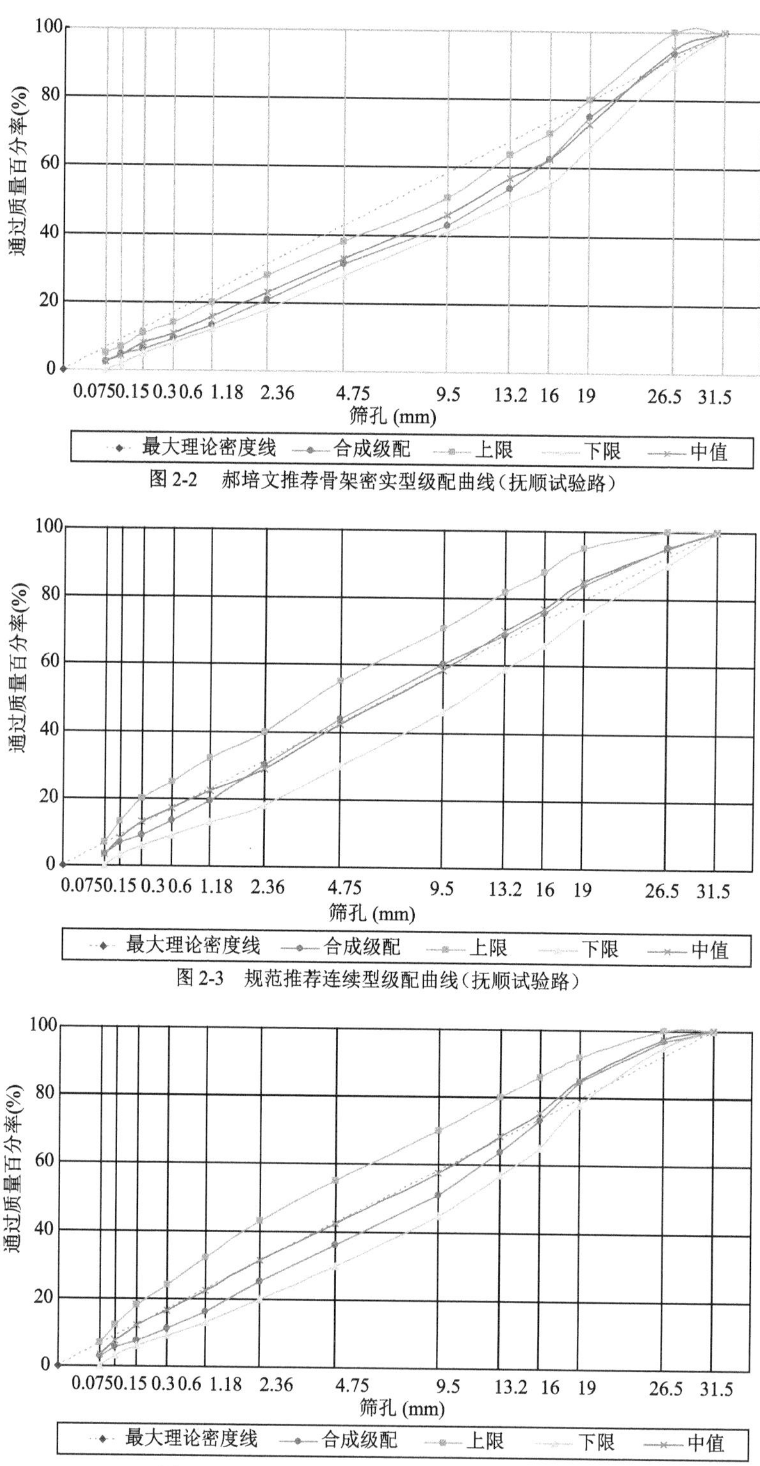

图 2-2　郝培文推荐骨架密实型级配曲线(抚顺试验路)

图 2-3　规范推荐连续型级配曲线(抚顺试验路)

图 2-4　郝培文推荐连续型级配曲线(抚顺试验路)

由图 2-1 和图 2-2 可以看出,规范推荐的骨架密实型级配范围较小且不平顺,特别是在筛孔为 16mm 处,其容许的空间很小,对级配合成有较大限制。郝培文教授所推荐的骨架密实型级配范围相对宽松，可调控的范围较大，级配曲线圆滑平稳。因此，抚顺试验路骨架密实型级配曲线选用郝培文教授推荐的范围进行设计，最终得到的合成级配和施工配合比分别见表 2-10、表 2-11。

抚顺试验路骨架密实型合成级配 表 2-10

材料规格	通过下列筛孔（mm）的质量百分率（%）												
	31.5	26.5	19	16	13.2	9.5	4.75	2.36	1.18	0.6	0.3	0.15	0.075
合成级配	99.2	96.3	71.2	63.5	55.9	45	33.5	22.4	14.3	9.8	6.7	5.1	2.6
级配范围	100	90～100	66～88	55～70	50～64	41～51	28～38	18～28	12～20	8～14	5～11	2～7	0～5

抚顺试验路骨架密实型施工配合比 表 2-11

集料代号	1号	2号	3号	4号	5号	6号
用量（%）	6	23.5	32	7	2.5	29

抚顺试验路连续型级配曲线选用郝培文教授推荐的范围进行设计，最终得到的合成级配和施工配合比，分别见表 2-12、表 2-13。

抚顺试验路连续型合成级配 表 2-12

材料规格	通过下列筛孔（mm）的质量百分率（%）												
	31.5	26.5	19	16	13.2	9.5	4.75	2.36	1.18	0.6	0.3	0.15	0.075
合成级配	99.5	97.8	85	77.1	68.9	56.9	42.8	29.5	18.8	13	8.9	6.7	3.4
级配范围	100	95～100	78～92	65～85	57～80	45～70	30～55	20～43	13～32	9～24	6～18	3～12	0～7

抚顺试验路连续型施工配合比 表 2-13

集料代号	1号	2号	3号	4号	5号	6号
用量（%）	3	14	37	10	1	35

鞍山试验路段所采用的集料进行合成配合比设计与抚顺试验路相同，根据表 2-10 中筛分的结果，最终按照长安大学郝培文教授推荐的级配范围进行合成配合比设计，得到的级配曲线见图 2-5。

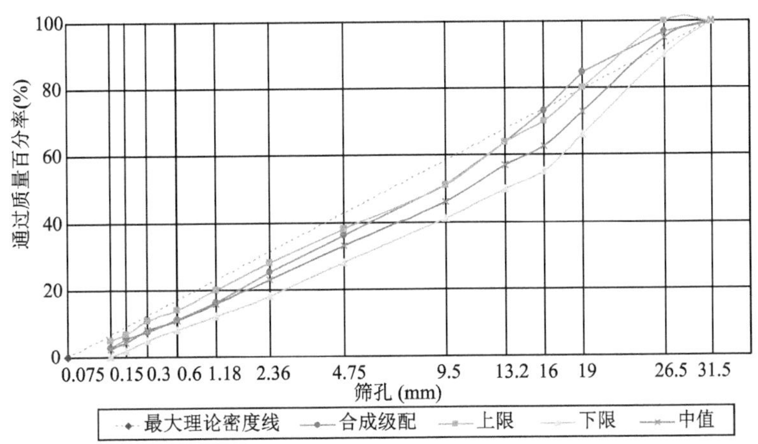

图 2-5 郝培文推荐骨架密实型级配曲线（鞍山试验路）

根据几种集料的颗粒分析结果，利用计算机，通过人机对话的方式反复调整材料的比例，最终确定集料的合成级配和施工配合比，分别见表2-14、表2-15。

鞍山试验路骨架密实型级配 表2-14

材料规格	通过下列筛孔（mm）的质量百分率（%）												
	31.5	26.5	19	16	13.2	9.5	4.75	2.36	1.18	0.6	0.3	0.15	0.075
合成级配	100	92.4	73.2	64.9	58.1	48.0	28.2	18.5	14.8	12.6	9.4	7.0	4.4
级配范围	100	90～100	66～88	55～70	50～64	41～51	28～38	18～28	12～20	8～14	5～11	2～7	0～5

鞍山试验路骨架密实型施工配合比 表2-15

集料代号	1号	2号	3号	4号	5号	6号
用量（%）	0	39	12	2.5	28.5	18

2.4 最大干密度和最佳含水率的确定

本书中采用重型击试验确定合成级配混合料的最佳含水率和最大干密度，其试验过程如下：

初步拟定6个含水率（1.5%、2%、2.5%、3%、3.5%、4%）进行试验，试验选用内径15.2cm、高12cm、容积2177cm^{3}的试筒，分3层击实，每层击实98次（图2-6）。

a）

b）

图2-6 重型击实仪器及试筒

按照《公路工程无机结合料稳定材料试验规程》（JTG E51—2009）中《无机结合料稳定土的击实试验方法》（T 0804—1994）的操作步骤进行击实，试验过程见图2-7，试验结果见表2-16～表2-18，根据试验结果绘制了含水率—干密度变化曲线，见图2-8～图2-10。

a）

b）

图 2-7　级配碎石材料击实试验

骨架密实型级配最佳含水率和最大干密度（抚顺试验路）　　表 2-16

试件	1	2	3	4	5	6
干密度（g/cm^3）	2.324	2.360	2.464	2.503	2.491	2.463
平均含水率（%）	1.654	1.975	2.446	2.931	3.300	3.568
最佳含水率 3.05%，最大干密度 2.4945 g/cm^3						

连续型级配最佳含水率和最大干密度（抚顺试验路）　　表 2-17

试件	1	2	3	4	5	6
干密度（g/cm^3）	2.4519	2.4640	2.4733	2.4603	2.4377	2.4519
平均含水率（%）	3.97	4.37	4.53	4.46	4.89	3.97
最佳含水率，4.36%，最大干密度 2.4679g/cm^3						

骨架密实型级配最佳含水率和最大干密度（鞍山试验路）　　表 2-18

试件	1	2	3	4	5	6
干密度（g/cm^3）	2.2387	2.2760	2.2852	2.3258	2.3020	2.3147
平均含水率（%）	1.90	2.24	2.85	3.51	3.89	4.56
最佳含水率 4.02%，最大干密度 2.3158 g/cm^3						

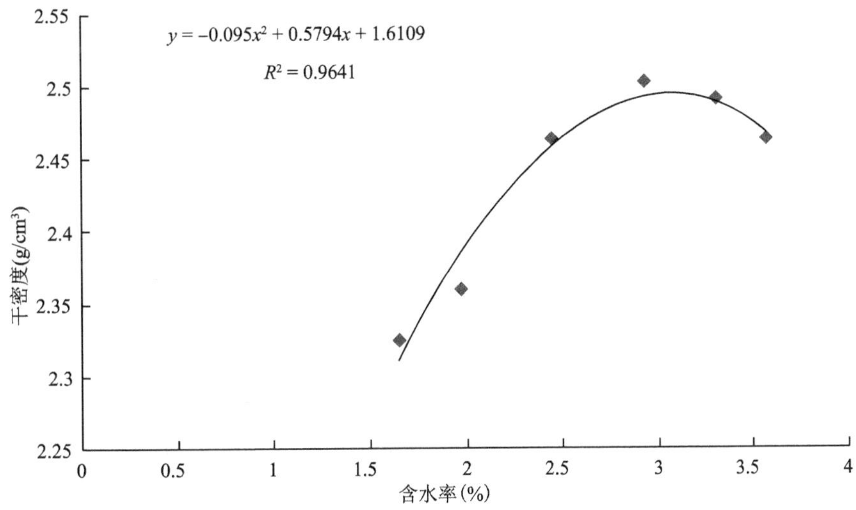

图 2-8　骨架密实型级配碎石含水率—干密度曲线（抚顺试验路）

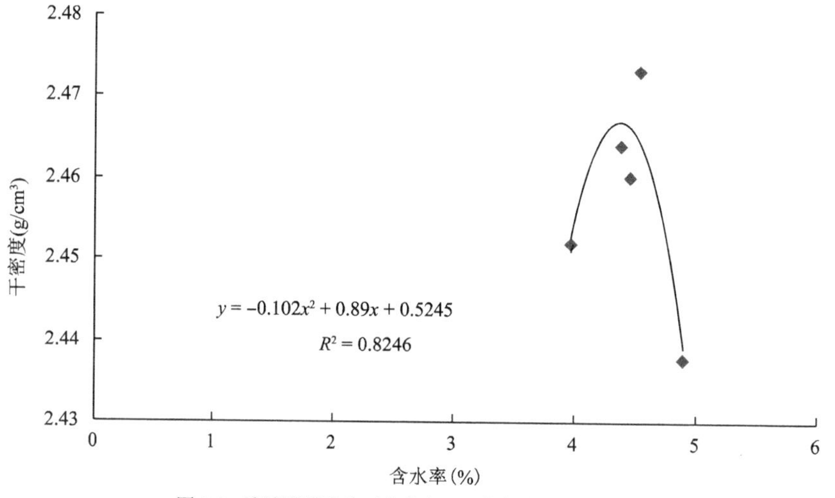

图 2-9 连续型级配碎石含水率—干密度曲线(抚顺试验路)

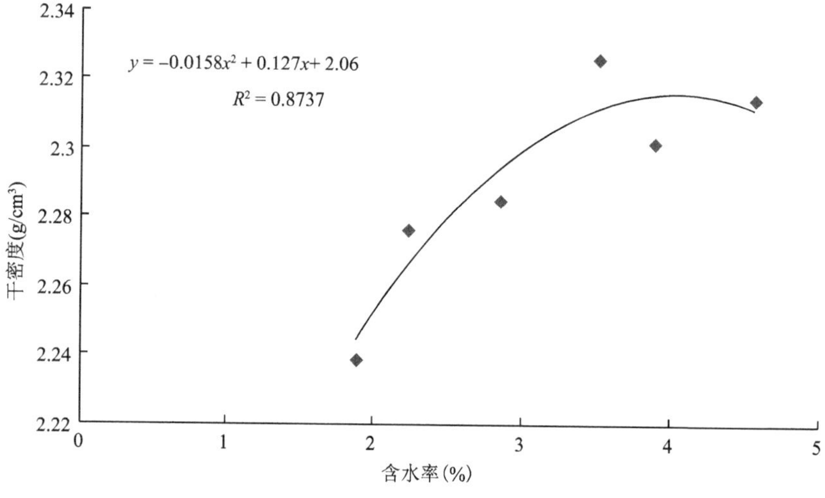

图 2-10 骨架密实型级配碎石含水率—干密度曲线(鞍山试验路)

由以上图、表可见,集料中细颗粒含量越多,最佳含水率越大,这是由于细集料的吸水作用导致的。由试验可以确定抚顺试验路骨架密实型级配的最佳含水率为 3.05%,最大干密度为 2.4945 g/cm^3,连续型级配最佳含水率 4.36%,最大干密度为 2.4679g/cm^3。

2.5 本章小结

(1)本章中,基于实际铺筑的试验路,通过原材料的物理力学性质试验,确定了室内试验和试验路所用级配碎石的物理力学性质指标(液限和塑性指数、针片状颗粒含量、含泥量、砂当量、压碎值和吸水率),这些指标均符合《公路路面基层施工技术细则》(JTG/T F20—

2015）的要求。

（2）根据辽宁地区实际情况和现场轧制成集料的情况，参考《公路沥青路面设计规范》（JTG D50—2017）对级配碎石级配的要求，以及长安大学郝培文教授推荐的级配范围，确定了本试验所用级配碎石级配设计结果（包括骨架密实型和连续型级配两种结构形式），得到了试验路铺筑级配碎石的合成级配。抚顺试验路骨架密实型生产配合比分别为6∶23.5∶32∶7∶2.5∶29；抚顺试验路连续型为3∶14∶37∶10∶1∶35；鞍山试验路骨架密实型为0∶39∶12∶2.5∶28.5∶18。

（3）根据级配设计的结果，分别进行击实试验，得到抚顺试验路骨架密实型级配的最佳含水率为3.05%，最大干密度为2.4945 g/cm^3，抚顺试验路连续型级配最佳含水率4.36%，最大干密度为2.4679g/cm^3；鞍山试验路骨架密实型级配的最佳含水率为4.02%。最大干密度为2.3158g/cm^3。

第3章 级配碎石基层材料路用性能试验研究

性能优良的级配碎石在功能上不仅可以为上部结构层提供稳定的工作平台，而且起到很好的隔温、排水作用，而且还能有效防止反射裂缝的发生。由于级配碎石基层的刚度、强度低于半刚性基层，因而，级配碎石层一旦出现过大的永久变形，将会导致沥青面层产生变形、破坏沥青路面的结构和路面的平整度，使面层内产生较大的附加拉应力，进而造成沥青路面开裂，影响行车的安全性和舒适性。因此，有必要对级配碎石层刚度、强度及永久变形特性进行深入研究。

为了研究级配碎石材料的路用性能，本章中对前述采用的骨架密实型和连续型级配的级配碎石进行了室内和现场静回弹模量试验以及CBR试验，同时利用MTS810材料试验机对级配碎石材料的动回弹模量及永久变形进行了试验研究。

3.1 级配碎石静回弹模量试验

回弹模量是表征级配碎石刚度的重要指标和设计参数。研究表明，在实际应用中，影响级配碎石层回弹模量的因素很多，主要体现在以下几个方面：

（1）含水率对级配碎石的回弹模量的影响较为复杂，其影响不仅取决于含水率本身，还取决于材料的类型与组成等。对于开级配的碎石，由于空隙率大、渗水快，含水率对于回弹模量的影响较小；对于密级配的碎石，含水率则对回弹模量有较大影响。

（2）密实度的影响一般表现为回弹模量随其增加而增长，但密实度超过一定值之后，回弹模量不再对密实度敏感。粒料越密实，每个颗粒的平均接触点数就越多，在外荷载作用下的平均接触应力就越小，从而使颗粒的变形降低。同时，颗粒的接触点增多有效阻止了颗粒间的相对滑移，降低了材料的变形。也有研究发现，密实度对回弹模量的影响随材料的不同有较大差异，部分轧制集料的回弹模量随密实度的增加而增长，但全部轧制碎石的回弹模量则几乎不随密实度变化。

（3）级配对回弹模量有一定影响。在相同的压实功作用下，不同级配的材料可达到不同的密实度，密实度相对大的材料，其回弹模量一般也较高。细集料含量增加，回弹模量下降。因为增加碎石中的细集料含量，粗颗粒的含量就会相对减少，细集料力学性质受水的影响严重，含水率高于最佳值时，回弹模量急剧下降。

3.1.1 级配碎石静回弹模量试验方法

3.1.1.1 有侧限顶面法简介

级配碎石是一种松散颗粒材料，不能像整体性材料那样，直接采用顶面法进行无侧限压缩试验来测试抗压回弹模量，但可以在相对近似刚体的圆筒钢试模中对圆柱体级配碎石试件进行有侧限的压缩试验。然后，用空间弹性体的基本理论，对侧限给测试结果带来的影响进行修正。将上述这种测试粒料材料抗压回弹模量的方法称为有侧限顶面法。该方法力学模式简单明了，物理含义明确。

主要试验仪器设备如下。

（1）加载主机：路面材料强度试验仪。

（2）试验仪器：钢质圆筒，内径 150 mm，壁厚 13 mm，高 230 mm。附带钢质圆形平面加载顶板和垫块各一块（在试件成型与测试过程中均需要采用），两块板的尺寸与形状完全一致，直径 149 mm，厚 40 mm。

（3）测变形的装置：钢质圆形平面加载底板，底板直径线两侧设有立柱，立柱上装有百分表夹，百分表 2 个。试验设备和试验过程如图 3-1 所示。

a）配料、搅拌

b）静压成型

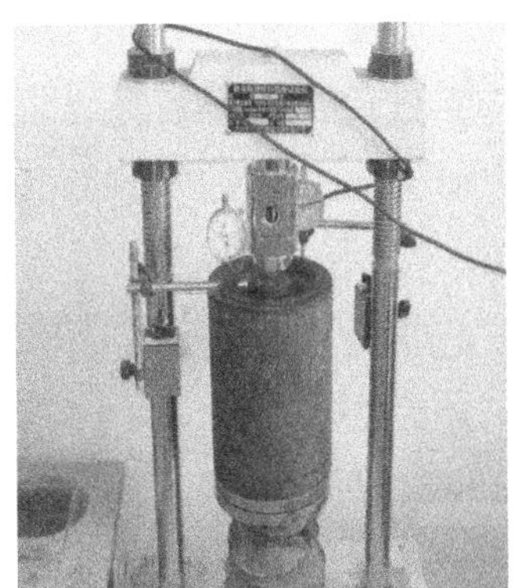

c）调试、加载

图 3-1 试验设备和试验过程

该测试方法与《公路工程无机结合料稳定材料试验规程》(JTG E51—2009)中顶面法类似，逐级加载，记录荷载及变形。

将钢质试筒认为是绝对刚体，有必要与无侧限测得级配碎石回弹模量进行对比分析和误差分析，通过理论计算，得到：

$$E=\frac{1-\mu-2\mu^2}{1-\mu}E'=KE' \tag{3-1}$$

式中：K——侧限修正系数，$K=\frac{1-\mu-2\mu^2}{1-\mu}$；

μ——泊松比，一般介于 0.25 ～ 0.35 之间，如取 $\mu=0.3$，则 $K=0.743$，$E=0.743E'$。

在考虑试筒变形后，$K'=\frac{1-\mu+\delta-2\mu^2}{1-\mu}$，$\delta$为中间变量代表值，通过计算得到$K'$值，如表 3-1 所示。

K' 值 对 比 表 3-1

E(MPa)	300	400	500	600	700	800
K	0.743					
K'	0.748	0.749	0.751	0.752	0.753	0.754
$\frac{K'-K}{K}\times100\%$	0.7	0.8	1.1	1.2	1.3	1.6

由表 3-1 可以看出，是否考虑试筒变形对级配碎石抗压回弹模量测试结果的影响只有 1% 左右，因此，完全可以不考虑试筒的变形，将其视作一个绝对刚体。

3.1.1.2 现场试验方法

根据《公路路基路面现场测试规程》(JTG 3450—2019)的要求，采用现场承载板法测定级配碎石基层路面结构的回弹模量。现场承载板法是利用承载板对专门修筑的整层级配碎石材料进行加荷试验，得到整层材料的荷载与变形的关系曲线，然后再按照刚性承载板作用下的计算求得级配碎石的回弹模量。该方法也称为整层路面材料测定法。对整层材料，要求其长度、宽度与厚度均要大于承载板直径(28 cm 或 30 cm)的 4 ～ 5 倍，以模拟半空间体的工作状况。

现场承载板法回弹模量按式(3-2)进行计算：

$$E_0=\frac{\pi D}{4}\times\frac{\sum p_i}{\sum l_i}\left(1-\mu^2\right) \tag{3-2}$$

式中：E_0——回弹模量(MPa)；

D——承载板直径(cm);

p_i——单位压力(MPa);

l_i——相应于单位压力 p_i 的回弹变形(cm);

μ——泊松系数,可取 0.35。

3.1.2 室内试验结果和分析

分别对来自抚顺料场的骨架密实型和连续型级配碎石进行了室内试验,试验结果见表 3-2、表 3-3 及图 3-2、图 3-3,详细数据见附表 1。

骨架密实型级配碎石回弹模量试验结果 表 3-2

序号	1	2	3	4	5	6
Δl(0.01mm)	21.25	22.5	26.0	26.0	21.5	22.0
Δp(MPa)	0.89	0.71	0.71	0.71	0.72	0.71
E(MPa)	350.00	349.73	302.65	304.61	372.51	361.15

连续型级配碎石回弹模量试验结果 表 3-3

序号	1	2	3	4	5	6	7
Δl(0.01mm)	21.5	21.0	19.5	24.5	23.0	24.5	22.0
Δp(MPa)	0.69	0.70	0.69	0.70	0.71	0.70	0.73
E(MPa)	360.08	368.96	397.01	316.77	344.34	320.40	368.67

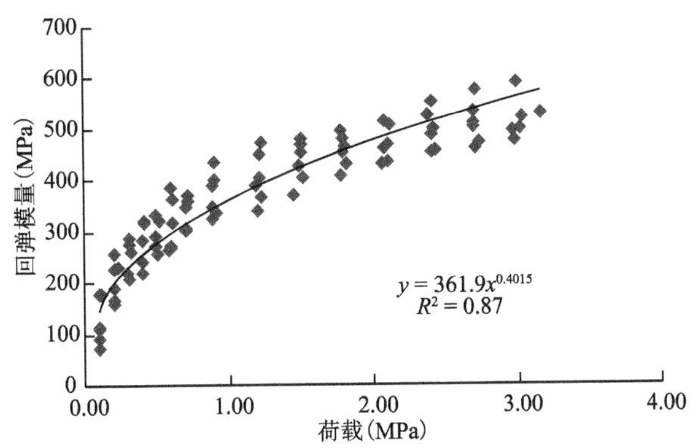

图 3-2 骨架密实型级配碎石回弹模量回归图

通过计算,得到骨架密实型级配碎石模量均值为340.11MPa,连续型级配为351.21MPa。由图 3-2、图 3-3 试验结果充分证明,级配碎石材料在不同荷载条件下具有较好的非线性弹性特点:应力水平高,其材料的模量高;应力水平低,其相应的模量水平低。《公路沥青路面设计规范》(JTG D50—2017)中推荐用于基层的骨架密实型级配碎石模量范围在 300 ～ 500MPa，连续型级配碎石模量在 300 ～ 350MPa，本文所采用的两种级配均在规范推荐的范围之内。由于试验试筒尺寸的限制，骨架密实型级配可能无法在较大范围内形成较好的骨架嵌挤，甚至存在缝隙；而连续级配型，由于细料较多，成型时能形成很好的级配结构。因此，试验结果中得到的连续型级配模量稍大于骨架密实型级配碎石。

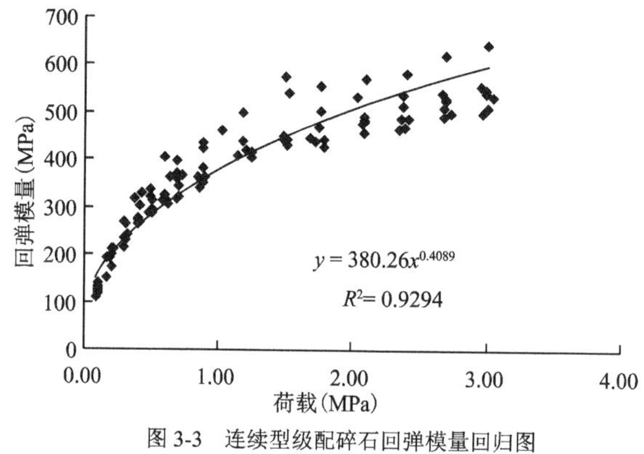

图 3-3　连续型级配碎石回弹模量回归图

3.1.3　现场试验结果和分析

现场实测级配碎石层的回弹模量是室内试验方法无法替代的，为此，本项目在试验路级配碎石基层铺筑完成后，进行了现场检测工作。由于现场实测法测定的是级配碎石层铺筑后的路表综合模量，而要得到级配碎石层的模量，必须根据现场数据进行反推计算。

本项目中，试验路的铺筑采用了两种级配，分别为骨架密实型结构和连续级配型结构。表 3-4 为骨架密实型级配碎石反推回弹模量的过程。

骨架密实型级配碎石回弹模量反推　　表 3-4

桩　号	右侧回弹模量(MPa)	左侧回弹模量(MPa)	备　注
K7+800	260.05	33681.85	左侧数据异常
K7+700	782.61	-3433.20	左侧数据异常
K7+600	1176.62	379.80	
K7+500	670.34	257.65	
K7+400	272.69	315.66	
K7+300	301.23	403.87	
K7+200	521.12	1017.91	
K7+100	839.94	186.81	
K7+000	296.24	263.72	
K6+900	772.42	502.95	

续上表

桩　　号	右侧回弹模量（MPa）	左侧回弹模量（MPa）	备　　注
K6+800	340.28	398.12	
K6+700	255.09	330.15	
K6+600	247.67	281.76	
骨架密实型级配碎石回弹模量均值 452.38 MPa			

表3-5、表3-6均为经反推得到的全柔性路段连续型级配碎石回弹模量，不同的是K8+150～K8+030段骨架密实型级配碎石作下基层、连续型级配碎石作上基层，K8+000～K7+910段骨架密实型级配碎石作上基层、连续型级配碎石作下基层，经过计算得到表3-5、表3-6内的数据。

连续型级配碎石（上基层）模量反推　　表3-5

桩　　号	右侧回弹模量（MPa）	左侧回弹模量（MPa）
K8+150	290.74	405.63
K8+120	446.31	326.30
K8+090	405.63	515.25
K8+060	347.54	249.92
K8+030	307.49	393.64
连续型级配碎石（上基层）模量均值 368.84 MPa		

连续型级配碎石（下基层）模量反推　　表3-6

桩　　号	右侧回弹模量（MPa）	左侧回弹模量（MPa）
K8+000	354.86	313.22
K7+970	286.35	336.94
K7+940	274.55	251.29
K7+910	436.03	531.53
连续型级配碎石（下基层）模量均值 348.09 MPa		

《公路沥青路面设计规范》（JTG D50—2017）中指出，碎石基层（底基层）模量在200～500MPa之间。由以上数据可知，骨架密实型平均模量达到452.38MPa，连续级配型碎石模量达到358.47MPa。由试验路现场模量反推的结果来看，骨架密实型级配碎石模量高于连续型级配碎石；从级配来看，骨架密实型级配中，大粒径矿料较多，颗粒之间的嵌挤摩擦作用较强。此外，对于试验路路面结构中采用骨架密实型级配的，下卧层为半刚性基层，模量较大，有利于级配碎石材料非线性特性的发挥，而连续级配型设置在全柔性路面结构中，下卧层为土基或者级配碎石层，所处位置应力较小，模量也较小。

3.2 级配碎石动回弹模量试验

3.2.1 级配碎石动回弹模量试验方案

3.2.1.1 主要试验仪器设备

(1)加载主机:MTS810(Material Test System 810)材料试验机(图 3-4)。该仪器利用电液伺服闭环系统对路面材料进行等速率贯入加载。此套设备可以由计算机精确控制荷载并能自动采集变形数据。计算机控制软件里提供各种加载波形和数据采集模块,具有强大的人机交互操作界面,可根据试验需要自行编制加载程式,通过对加载波形参数的设置,可以实现各种加载模式组合,试验结果通过数据采集系统全自动记录。

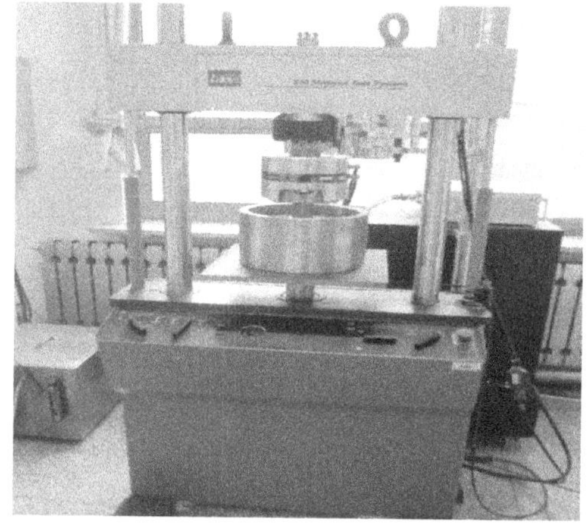

图 3-4 MTS810 材料试验机

(2)试验设备尺寸:考虑到现有试验规程当中的试筒尺寸较小,试验加载过程中钢质圆筒会给试验材料施加较大的围压,路面结构实际受力状态中并不存在类似的边界条件。同时,路表应力在传递过程中存在应力扩散角,且与材料的内摩擦角存在较大联系,鉴于已有研究成果,级配碎石材料的内摩擦角在 30° ~ 50° 之间,本次试验综合考虑上述因素,将试筒设计尺寸设定(图 3-5)为:试筒内径 260mm,壁厚 20mm,高 180mm;试件内径 260mm,高 100mm;垫块直径 259mm,高 40mm;压头直径 50mm。

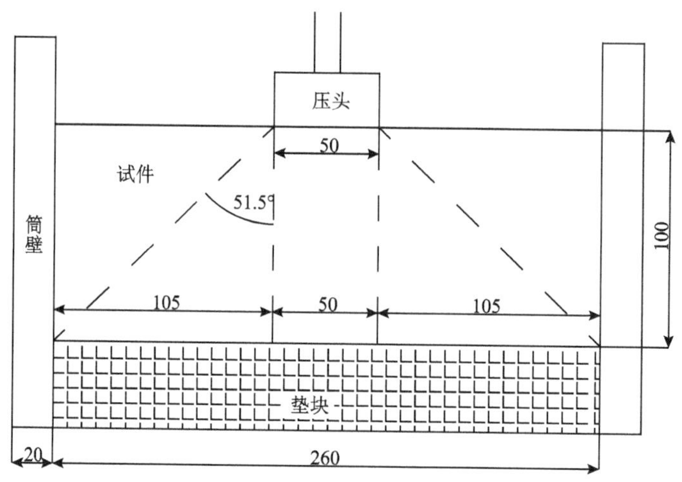

图 3-5 试验设备尺寸示意图(尺寸单位:mm)

经过计算，该尺寸下材料应力扩散角可以达到为51.5°，大于级配碎石材料的应力扩散角，压头传递的应力只在试件内部传递不会到达钢质试筒，从而避免了钢质试筒围压对试件的影响，与实际路面结构应力传递状态比较接近，保证了该试验的实用性和准确性。

3.2.1.2 加载频率

加载时间是重复惯入动态测试永久变形的一个重要参数。加载时间用荷载作用频率来表征，其大小受车辆行驶速度、路面平整度及路面厚度等因素影响。试验中，加载波形的形状和历时应模拟公路的实际情况：当轴载距路面上某点相当远时，该点的应力设为零；当荷载直接作用该点时，应力最大。巴克斯达（Barksdale）研究认为，柔性路面中不同点的应力脉冲可近似为半正弦或三角函数，回弹模量加载历时，是根据沥青路面不同深度处水平和竖向应力的平均脉冲时间得到的，且与车速和计算点所在深度有关。同济大学张洪亮博士后测试了移动车辆荷载作用下兰海高速公路路基内部的压应力分布。研究表明：若速度为80km/h，荷载作用时间应在0.25～0.35s范围内。所测试的路面是高速公路，路面较厚，若为二级或二级以下公路，荷载传递到路面结构基层的时间还会增加。

现有的三轴试验均采用10Hz的荷载频率，荷载作用时间均为0.1s，荷载间歇时间均为0.9s，荷载模式与实际的以80km/h速度行驶的车辆作用下路基中的动应力比较吻合。但国家联合公路研究计划（NCHRP）关于路基土回弹模量测试的最新规范认为，以上的荷载频率、作用时间和间歇时间仅适合于路面材料。而路基在路面的下方，由于应力的传递需要时间，路基内部运动车辆引起的动应力持续时间较长，且加载时间过短，级配碎石材料来不及做出相应变形，则下一次加载就已经开始，变形记录结果不准确，试验数据结果会偏大。

综上所述，本试验荷载频率取1Hz，荷载作用时间取1s，荷载间歇时间取1s，以模拟在道路上施加的交通荷载。

3.2.1.3 加载波形

加载波形是动态测试松散粒料永久变形和动态回弹模量的另一个重要参数。动态试验的荷载波形与静态不同，它是以路面上实际荷载波形为依据。一般认为，在距离汽车荷载中心有一定距离时，路面的应力为零，当在荷载中心时，路面的应力最大。因此，可用半正弦、半正矢（Haversine）或者三角形三种形式的荷载波形进行拟合。研究表明，对于路面的冲击荷载，可以用三角形或者半正矢波形模拟，并且半正矢波形最接近实际路面上的荷载波形，而从试验角度讲，半正弦波生成比较容易。

在MTS810材料试验机上进行松散粒料级配碎石层永久变形的测定时，其动态荷载半正矢波在一个加载周期内函数表达式见式（3-3），加载波形曲线如图3-6所示。

$$P(t)=\frac{P_0}{2}\left(1-\cos\omega t\right)+P_c \tag{3-3}$$

式中：P_0——荷载振幅；

P_c——预加荷载。

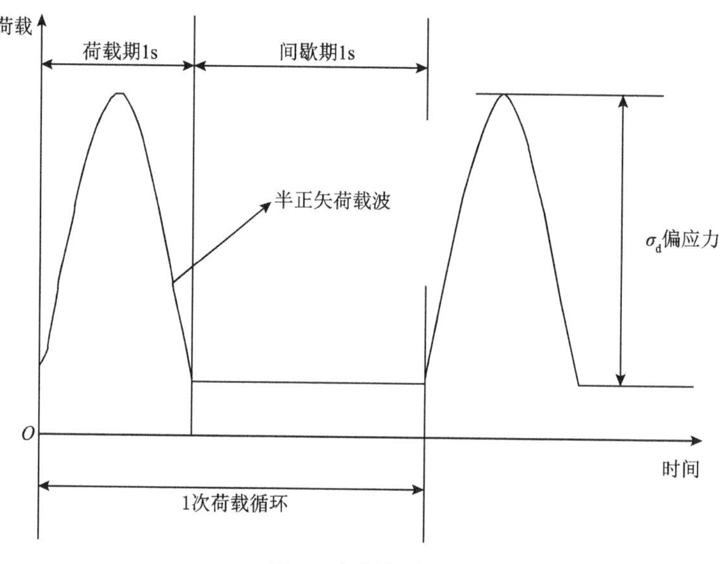

图 3-6 加载波形图

3.2.2 级配碎石动回弹模量试验过程

此次试验采用抚顺哈达采石场提供的石灰岩，在室内对材料进行了基本物理性能试验，集料的针片状颗粒含量、含泥量、砂当量、压碎值、吸水率试验。试验结果表明，原材料满足《公路路面基层施工技术细则》（JTG/T F20—2015）技术指标中有关基层用料规定。

本次试验采用抚顺料场骨架密实型级配以及连续型级配碎石进行试验，相关级配以及最佳含水率详见第 2 章。

重复加载试验过程如图 3-7 所示。

a）配料、搅拌

b）静压成形

图 3-7

c）加载

图 3-7　重复加载试验过程图

3.2.3　级配碎石动回弹模量试验数据采集

为了得到试件的回弹变形，对加载均进行加密采集。本章中，回弹模量的计算，采用承载板计算回弹模量的公式计算得到，回弹变形是记录前 100 次最后 10 次循环的回弹变形的平均值。

回弹模量数据采集示意如图 3-8 所示。

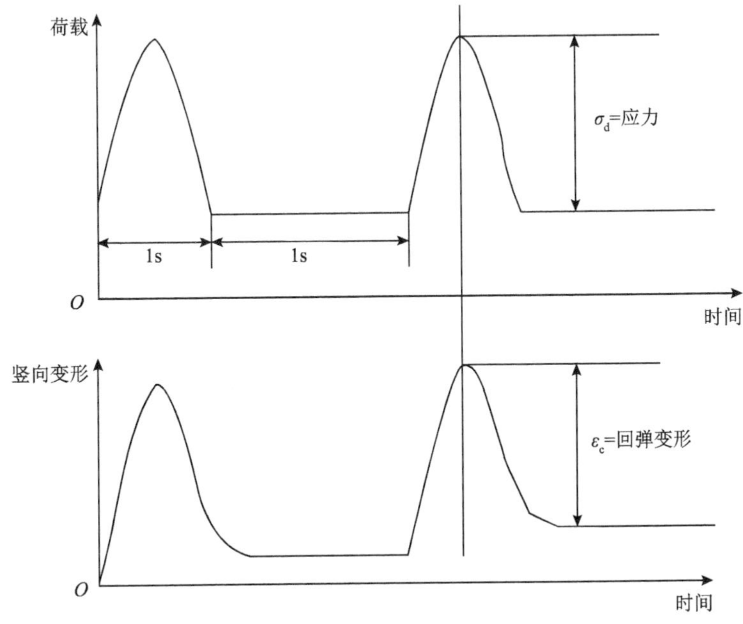

图 3-8　回弹模量数据采集示意图

3.2.4 级配碎石动回弹模量试验数据分析

（1）骨架密实型级配碎石动回弹模量（表3-7）

骨架密实型级配碎石动回弹模量数据 表3-7

序号	第一组		第二组		第三组		第四组		第五组	
	Δl（mm）	Δp（MPa）	Δl（mm）	Δp（MPa）	Δl（mm）	Δp（MPa）	Δl（mm）	Δp（MPa）	Δl（mm）	Δp（MPa）
1	0.162	0.477	0.206	0.664	0.223	0.721	0.199	0.697	0.256	0.996
2	0.161	0.490	0.211	0.700	0.220	0.708	0.203	0.697	0.249	0.975
3	0.167	0.495	0.208	0.687	0.212	0.679	0.197	0.682	0.251	0.981
4	0.160	0.491	0.213	0.694	0.219	0.692	0.205	0.678	0.254	0.993
5	0.161	0.486	0.202	0.671	0.223	0.681	0.205	0.684	0.258	1.006
6	0.161	0.480	0.204	0.682	0.220	0.721	0.215	0.697	0.260	1.000
7	0.161	0.474	0.208	0.690	0.221	0.695	0.205	0.700	0.255	0.987
8	0.159	0.483	0.215	0.702	0.218	0.666	0.206	0.687	0.256	0.989
9	0.160	0.484	0.213	0.694	0.227	0.694	0.205	0.681	0.261	0.996
10	0.164	0.493	0.216	0.687	0.213	0.688	0.203	0.684	0.258	0.990
E	103.4MPa		112.9MPa		109MPa		116.1MPa		133.4MPa	

（2）连续型级配碎石动回弹模量（表3-8）

连续型级配碎石动回弹模量数据 表3-8

序号	第一组		第二组		第三组		第四组		第五组	
	Δl（mm）	Δp（MPa）	Δl（mm）	Δp（MPa）	Δl（mm）	Δp（MPa）	Δl（mm）	Δp（MPa）	Δl（mm）	Δp（MPa）
1	0.182	0.483	0.222	0.696	0.222	0.706	0.230	0.804	0.240	0.983
2	0.180	0.482	0.220	0.686	0.231	0.714	0.223	0.800	0.243	0.978
3	0.182	0.482	0.221	0.682	0.218	0.704	0.223	0.820	0.244	0.991
4	0.178	0.473	0.222	0.675	0.228	0.704	0.223	0.817	0.244	0.998
5	0.176	0.464	0.222	0.697	0.217	0.697	0.221	0.814	0.232	0.994
6	0.182	0.481	0.223	0.701	0.220	0.693	0.220	0.816	0.239	0.974
7	0.175	0.482	0.223	0.696	0.219	0.705	0.221	0.810	0.236	0.983
8	0.181	0.484	0.220	0.684	0.219	0.716	0.215	0.804	0.235	1.009
9	0.180	0.484	0.218	0.688	0.221	0.710	0.216	0.812	0.242	0.994
10	0.184	0.466	0.224	0.678	0.222	0.704	0.218	0.809	0.241	0.997
E	91.5MPa		107MPa		109.5MPa		126.3MPa		142.4MPa	

本试验中骨架密实型级配碎石平均模量为114.9MPa，连续型级配碎石平均模量为115.3MPa。

关于级配碎石动弹性模量的研究，目前国内没有统一的标准，重庆交通大学柳音利用MTS材料试验机重复加载试验，在有围压的情况下，应力水平在0.8MPa时，测得级配碎石模量在120～180MPa之间，平均值为150MPa左右；大连理工大学李君利用动三轴试验，在不同的围压和偏压情况下，得到级配碎石模量在200～300MPa之间；哈尔滨工业大学王龙、冯德成利用动三轴试验测得骨架密实型级配碎石平均模量为311.5MPa，连续型级配碎石模量在369.8MPa，利用MTS材料试验机重复加载试验测得级配碎石平均模量在500～600MPa之间。由于在级配碎石动模量研究方面国内并没有统一的试验方法及试验要求，研究结果的差异性很大，级配碎石动模量试验得到的试验结果离散性较大，因此，还需要对级配碎石动模量的试验方法进行深入研究。

3.3 级配碎石CBR试验

CBR（California Bearing Ratio）是一种评定基层材料承载能力的指标。承载能力以材料抵抗局部荷载压入变形的能力表征，并采用高质量标准碎石的承载能力为标准，以相对值的百分数表示CBR值。《公路沥青路面设计规范》（JTG D50—2017）中要求，"级配碎石作为基层，采用重型击实标准设计时，CBR值不应小于100%"。

3.3.1 级配碎石CBR试验方法

（1）室内试验方法

CBR室内试验方法采用《公路土工试验规程》（JTG 3430—2020）中《承载比（CBR）试验》（T 0134—2019），将泡水4昼夜的试件放到路面材料强度试验仪的升降台上，调整偏球座，对准、整平并使贯入杆与试件顶面全面接触，在贯入杆周围放置4块荷载块。先在贯入杆上施加少许荷载，以便试样与土样紧密接触，然后将测力和测变形的百分表指针均调整至整数，并记读初始读数。加荷使贯入杆以1～1.25mm/min的速度压入试件，同时测记百分表的读数，并按式（3-4）和式（3-5）分别计算贯入量为2.5mm和5mm时的CBR值。

$$\mathrm{CBR}=\frac{P}{7000}\times 100 \tag{3-4}$$

$$\mathrm{CBR}=\frac{P}{10500}\times 100 \tag{3-5}$$

式中：CBR——承载比（%），计算至0.1%；

P——单位压力（kPa）。

取两者的较大值作为该材料的承载比。

（2）现场试验方法

CBR现场试验方法采用《公路路基路面现场测试规程》（JTG 3450—2019）中土基现场CBR值测试方法（T 0941—2008），将加劲横梁安置在标准车后轴上，在贯入杆位置安放4

块 1.25kg 的、分开成半圆的承载板，共 5kg。试验贯入前，先在贯入杆上施加 45N 荷载后，将测力计及贯入量百分表调零，记录初始读数。启动千斤顶，使贯入杆以 1mm/min 的速度压入土基，相应贯入量为 0.5mm、1.0mm、1.5mm、2.0mm、2.5mm、3.0mm、4.0mm、5.0mm、7.5mm、10.0mm 及 12.5mm 时，分别读取测力计读数。根据情况，也可在贯入量达 7.5mm 时结束试验。按式(3-6)进行计算：

$$\mathrm{CBR}=\frac{P_1}{P_0}\times 100 \tag{3-6}$$

式中：CBR——承载比(%)，准确至 0.1%；

P_1——荷载压强(MPa)；

P_0——标准压强，当贯入量为 2.5mm 时为 7MPa，当贯入量为 5.0mm 时为 10.5MPa。

CBR 一般以贯入量为 2.5mm 时的测试值为准，但当贯入量为 5.0mm 时的 CBR 值大于 2.5mm 时的 CBR 值，应重新试验；如重新试验仍如此，则以贯入量为 5.0mm 时的 CBR 为准。

3.3.2 室内 CBR 试验结果及分析

CBR 试验结果如图 3-9～图 3-11 所示，详细数据见附表 2。

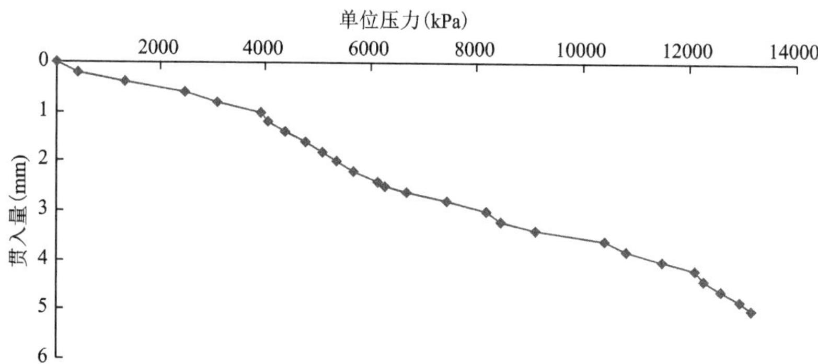

图 3-9 骨架密实型级配碎石材料单位压力与贯入量的关系图(抚顺)

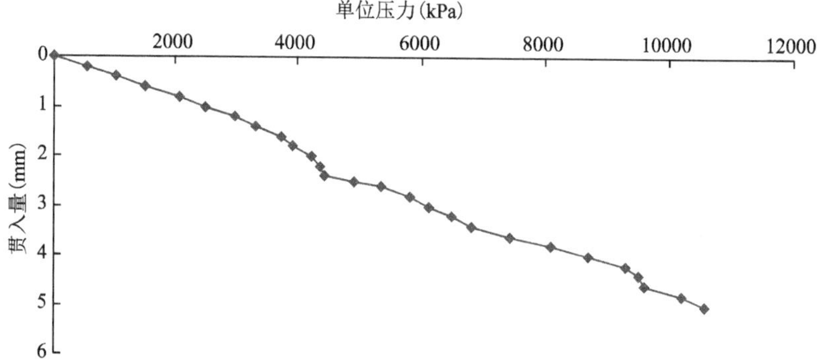

图 3-10 连续型级配碎石材料单位压力与贯入量的关系图(抚顺)

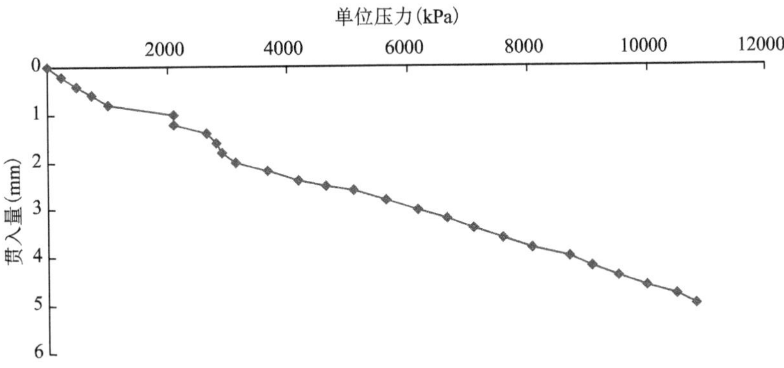

图 3-11　骨架密实型级配碎石材料单位压力与贯入量的关系图(鞍山)

由图 3-9 ～图 3-11 并通过计算公式得到的 CBR 值分别为 125.36%、100.85% 和 103%，均符合《公路沥青路面设计规范》(JTG D50—2017)中的要求。其中，骨架密实型级配碎石的 CBR 值高于连续型级配碎石的 CBR 值，说明骨架密实型的承载力更强一些。虽然连续型结构的细集料比骨架密实型结构的细集料多，能将粗集料形成骨架之后的空隙填满，但是其 CBR 值不如骨架型结构。因此，过多的细集料反而会使其结构强度降低。

3.3.3　现场 CBR 试验结果及分析

3.3.3.1　抚顺前三线现场 CBR 试验

现场 CBR 试验的结果见图 3-12 ～图 3-15。

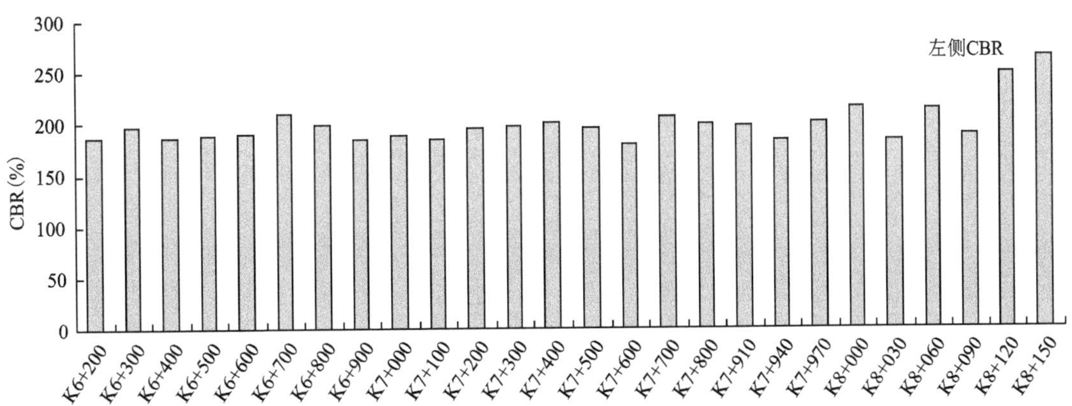

图 3-12　K6+200—K8+200 上基层(左侧)CBR 试验结果

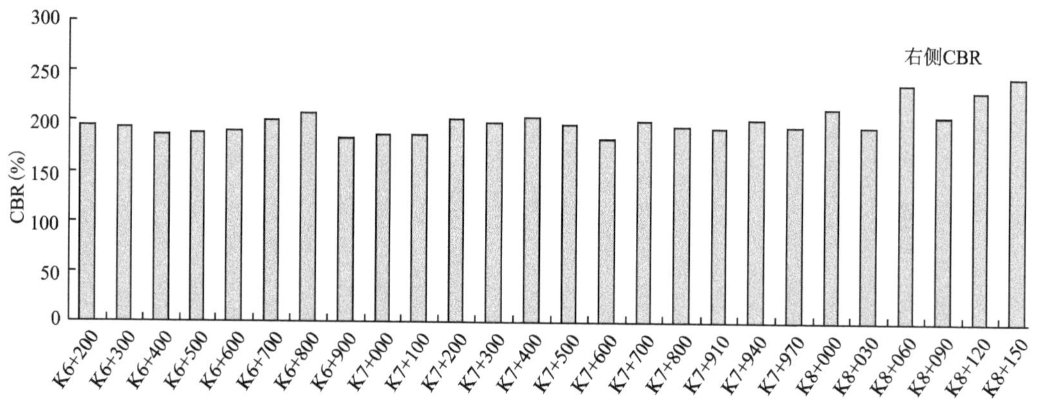

图 3-13 K6+200—K8+200 上基层（右侧）CBR 试验结果

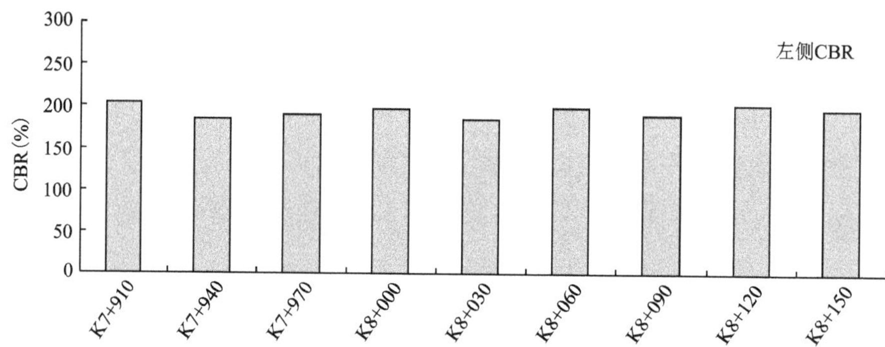

图 3-14 K7+900—K8+200 下基层（左侧）现场 CBR 值试验结果图

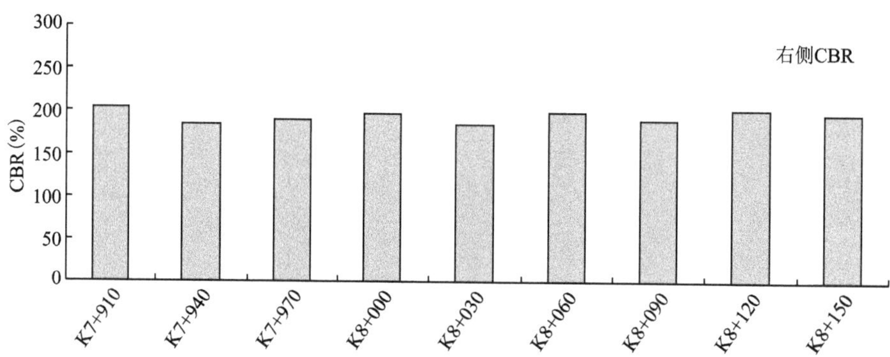

图 3-15 K7+900—K8+200 下基层（右侧）现场 CBR 值试验结果图

根据试验结果，除 K7+600 左侧 CBR 值为 178.59，小于 180 以外，其余 CBR 值均大于 180，且试验路结构中 K6+200—K7+900 为级配碎石上基层路面结构，采用骨架密实型级配碎石，K7+900—K8+200 为全柔性路面结构。由于倒装式结构中下卧层为半刚性基层，强度较高，级配碎石所受三向应力较大，有利于其非线性特征发挥，CBR 值大于全柔性路面结构。

3.3.3.2 鞍山桓盖线现场 CBR 试验

鞍山桓盖线现场 CBR 试验结果见图 3-16、图 3-17。

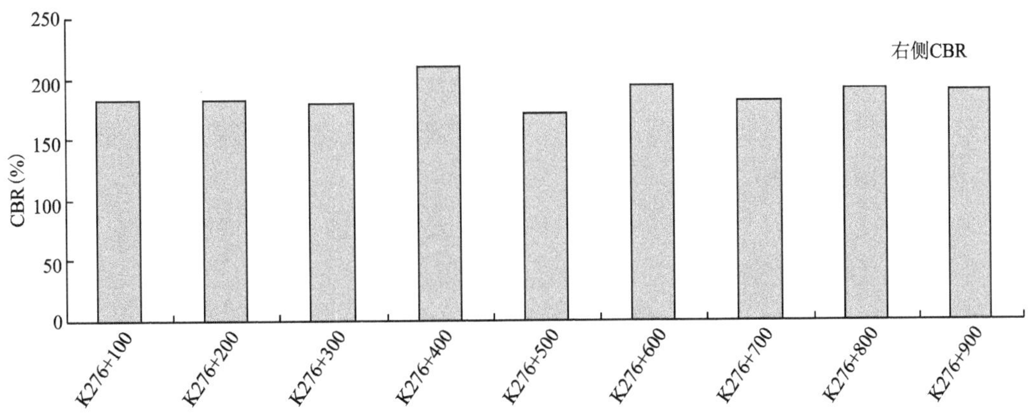

图 3-16　鞍山现场 CBR（左侧）试验结果图

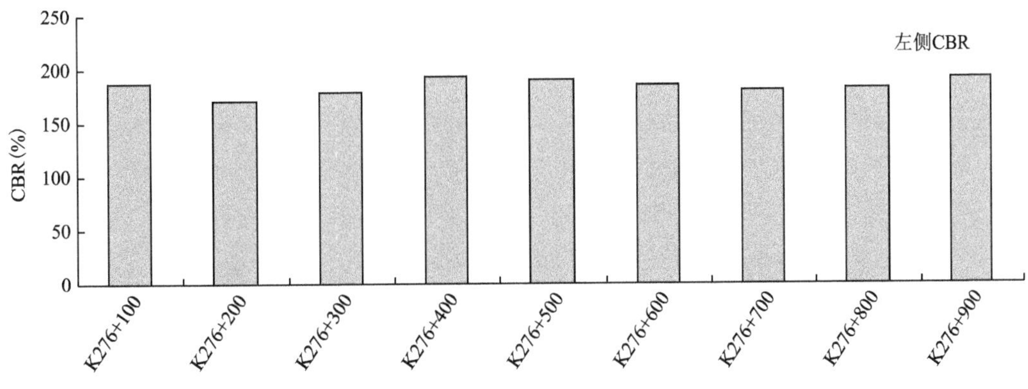

图 3-17　鞍山现场 CBR（右侧）试验结果图

根据试验检测结果，除了个别几个点的值略低外（大于 169），其余各测点的 CBR 值均大于 180。鞍山级配碎石路面结构中均采用级配碎石作为上基层，下卧层为半刚性基层，CBR 值比较理想。

3.4 级配碎石永久变形试验

3.4.1 级配碎石材料永久变形室内试验方法

（1）材料选择：本次试验采用抚顺哈达石料厂所产石料，集料为石灰岩。根据石料现场的加工能力，将碎石分为以下 6 种规格：0 ～ 3mm、3 ～ 5mm、5 ～ 10mm、10 ～ 20mm、

10 ～ 30mm、20 ～ 40mm。在室内对材料进行了基本物理性能试验，试验结果表明，原材料满足《公路路面基层施工技术细则》（JTG/T F20—2015）技术指标中有关基层用料规定，详见第 2 章。

（2）级配：本次试验采用抚顺骨架密实型级配以及连续型级配碎石进行试验，相关级配详见第 2 章。

（3）最佳含水率及最大干密度：采用骨架密实型级配和连续级配型级配碎石的最佳含水率以及最大干密度详见第 2 章。

（4）试验加载设备为 MTS810 材料试验机，加载波形、频率与动回弹模量试验相同。

（5）试件、试筒以及压头尺寸与动回弹模量试验相同。

3.4.2 永久变形试验数据采集

为了研究级配碎石在长期行车荷载作用下的变形特性，对试件进行了 3000 次的间歇波重复荷载，加载程式采用力控制模式。各传感器通过数据采集卡直接和计算机相连接，数据采集结果直接存入计算机指定的数据文件内。为了准确反映级配碎石粒料在行车荷载作用下的变形特性，对数据均进行了加密采集，最后通过 Excel 软件，分析得到了应力和变形的时程曲线。通过对粒料进行不同试验条件下的重复荷载试验，并改变荷载作用次数及正矢波荷载作用的数值，得到粒料的回弹变形以及永久变形。对数据进行统计分析，建立塑性变形与应力、含水率及荷载作用次数之间的关系。永久变形采集点的位置见图 3-18。

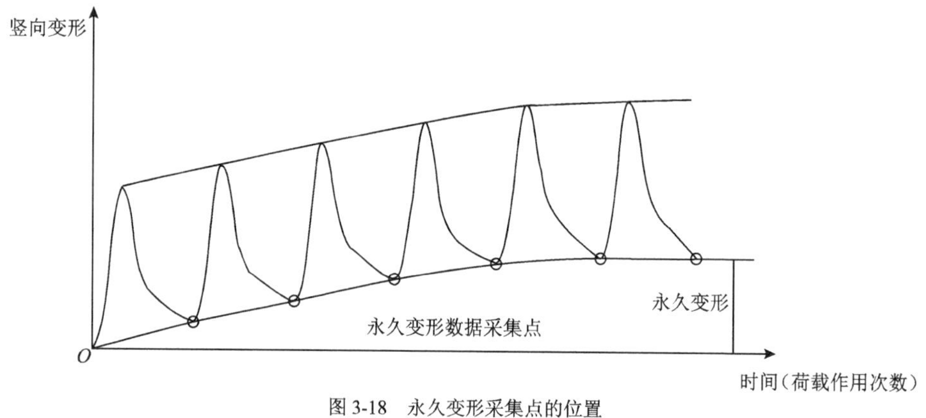

图 3-18　永久变形采集点的位置

3.4.3 永久变形试验数据分析

影响永久变形的主要因素有级配碎石粒料的种类、应力水平以及荷载作用次数等。本节在级配碎石粒料室内重复加载试验得到的永久变形量基础上，围绕上述因素对级配碎石塑性变形特性的影响展开研究。

(1)应力对级配碎石粒料永久变形的影响

应力水平是影响粒料材料永久变形的主要因素,以最佳含水率下最大干密度(压实度100%)作为成型控制条件。不同应力下,试件轴向永久变形量与重复荷载作用次数的曲线如图3-19、图3-20所示。

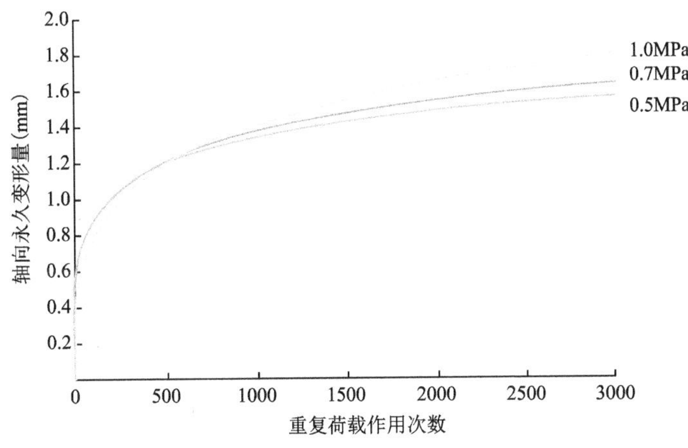

图3-19 骨架密实型级配碎石随应力变化曲线

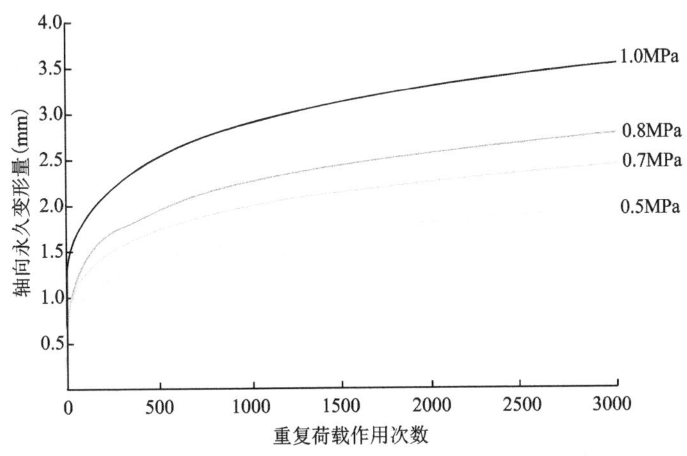

图3-20 连续型级配碎石随应力变化曲线

图3-19、图3-20是不同应力条件下,相同级配的级配碎石混合料永久变形随荷载作用次数累积曲线的比较。从图中可以看出:无论是骨架密实型级配还是连续型级配的级配碎石粒料,轴向永久变形随着荷载作用次数的增加而逐渐增大,大部分的永久变形量在重复荷载作用最初1000次时候基本完成;随应力逐渐增大,试件的累积变形速率也增大,当施加的应力较小时(0.50MPa),永久变形增加平缓,当应力增大时,永久变形的累积曲线会按照一

定的斜率不断增长，但是在一定的作用次数后，趋于平缓，永久变形的累积不再发生。所以在柔性路面的设计和施工时，应采取措施降低级配碎石粒料层内的应力，这样可以减少或避免其永久变形量。

（2）级配对级配碎石材料永久变形的影响

级配碎石粒料层的级配类型对其永久变形特性的影响也相当重要，在同应力水平情况下进行永久变形试验，不同级配下粒料试件永久变形量与重复荷载作用次数的曲线如图 3-21 ～图 3-23 所示。

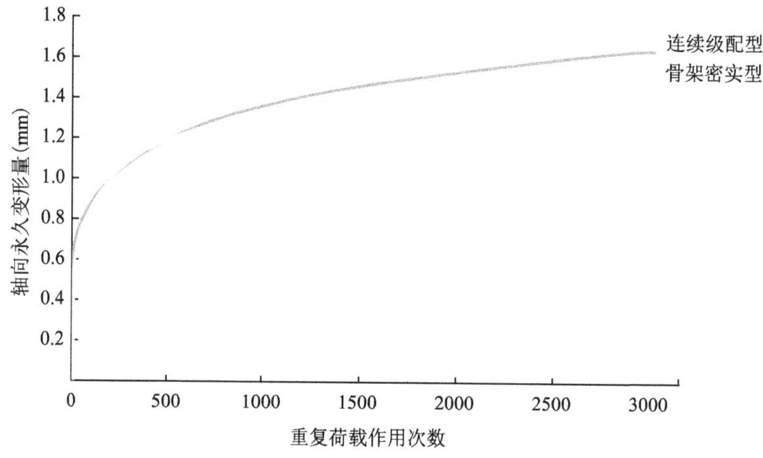

图 3-21　不同级配在 0.5MPa 下永久变形曲线

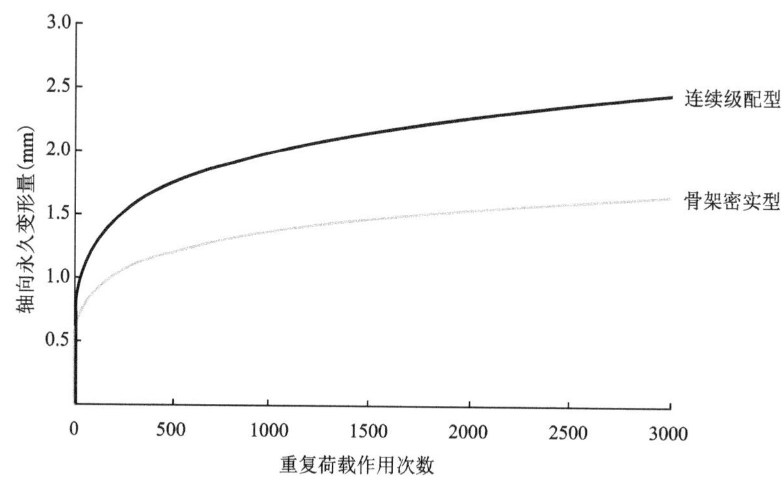

图 3-22　不同级配在 0.7MPa 下永久变形曲线

图 3-21 ～图 3-23 是不同级配的碎石混合料，其永久变形随荷载作用次数累积曲线的比较。从这些图中可以看出：连续型级配试件在 0.5MPa、0.7MPa、1.0MPa 应力水平下的永久变形，均大于骨架密实型级配试件。应力水平低时（0.5MPa）可以认为两种级配均处于弹性

阶段，级配中细集料含量影响永久变形不明显；当应力水平增加，材料由弹性阶段往弹塑性阶段发展，所产生的变形不可恢复，连续型级配与骨架密实型级配的永久变形差距越明显。在其细集料含量较多时，级配碎石材料的永久变形对应力水平比较敏感。

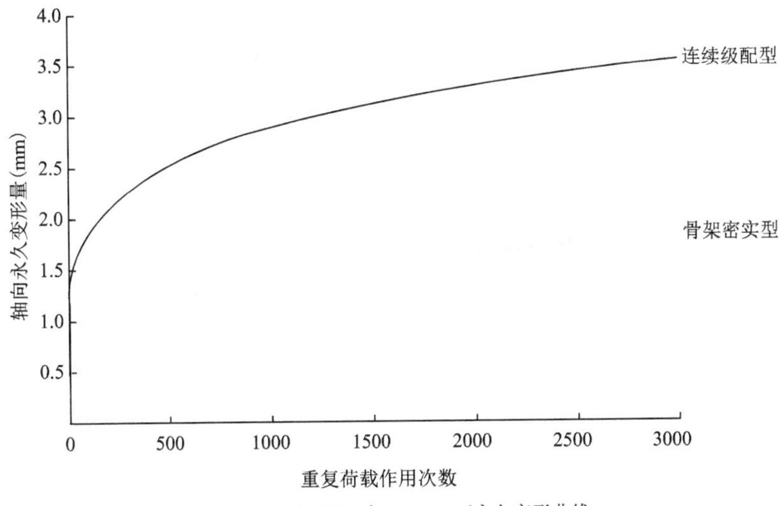

图 3-23　不同级配在 1.0MPa 下永久变形曲线

3.5 本章小结

(1)级配碎石承受荷载作用时，模量随荷载变化具有良好的非线性特征，从试验数据上看，相关性较好。本项目所采用的集料及所用级配构成的级配碎石混合料，无论室内还是现场均能达到较高的静回弹模量，室内静回弹模量骨架密实型级配达到 340.11MPa，连续型级配达到 351.21MPa。根据现场试验数据反推模量，骨架密实型达到 452.38MPa，连续型级配碎石达到 358.47MPa。回弹模量范围在 340 ～ 450MPa 之间，为级配碎石作为沥青路面的上基层或者柔性基层奠定了基础。

(2)本项目针对抚顺、鞍山试验路所采用级配碎石，进行了 CBR 的室内和现场试验，无论是骨架密实型还是连续型级配碎石，室内试验 CBR 值均超过 100%，符合《公路沥青路面设计规范》(JTG D50—2017)中"级配碎石作为基层，采用重型击实标准设计时，CBR 值不应小于 100%"的要求。现场试验得到的 CBR 值明显高于室内试验值，普遍超过 180%。

(3)利用 MTS810 材料试验机，首次开展了超大级配碎石试件动回弹模量试验研究，试筒尺寸为内径 260mm、壁厚 20mm、高 180mm。

(4)运用 MTS810 材料试验机，对级配碎石材料永久变形进行了研究。结果表明，无论是骨架密实型级配还是连续型级配的级配碎石，粒料轴向永久变形随着荷载作用次数的增加而逐渐增大，大部分的永久变形量在重复荷载作用最初 1000 次时基本完成；随应力逐渐增大，试件的累积变形速率也相应增大，但是在一定的作用次数后趋于平缓，永久变形的累积不再发生。连续型级配试件相同应力水平下的永久变形均大于骨架密实型级配试件，材料处于弹性阶段时，级配对材料的永久变形影响较小，当应力水平增加，材料由弹性阶段往弹塑性阶段发展，所产生的变形不可恢复，连续型级配与骨架密实型级配的永久变形差距显著。当其细集料含量较多时，级配碎石材料的永久变形对应力水平比较敏感。

第4章 级配碎石上基层对沥青路面反射裂缝抑制机理分析

4.1 半刚性基层沥青路面反射裂缝分析

半刚性基层沥青路面已成为我国目前公路路面结构的主要形式。然而，随着这种结构的大量应用，由半刚性基层材料缩裂造成的路面反射裂缝已成为这种结构的主要缺陷。反射裂缝的存在，不仅破坏了路面结构整体性和连续性，使路面结构刚度削弱，而且随着雨水或雪水沿反射裂缝的渗入，面层沥青混合料将产生严重的水损害，基层材料模量降低，并在大量行车荷载反复作用下产生冲刷和唧泥现象。

4.1.1 半刚性基层沥青路面反射裂缝产生机理

半刚性基层材料缩裂的根本原因为干缩和温缩。温缩裂缝产生于气温变化而在半刚性基层内产生温度梯度，温度梯度存在必然出现温度应力。根据我国东北地区沥青路面温度场实测资料，当沥青面层厚 10 ～ 15cm 时，1 月份半刚性基层顶面一天中可遭受 20℃左右的温差。对于二灰稳定粒料和水泥处治粒料等半刚性基层材料（温缩系数见表 4-1），其平均温缩系数取 $\bar{a}_t = 10\times10^{-6}/℃$，二灰及水泥稳定粒料类半刚性基层弯拉模量平均值往往大于 10000MPa，若取 $S_t = 10000\text{MPa}$，并假定半刚性基层表面降温 20℃，则半刚性基层顶面所受的温度应力为 $\sigma_t = \bar{a}_t \times \sum_{T_1}^{T_2} S_t \times \Delta T = 10\times10^{-6}\times10000\times20 = 2.0(\text{MPa})$，此数值通常情况下已超过半刚性基层材料的抗弯拉强度。由此可见，气温变化剧烈时，很容易引起半刚性基层开裂。

部分半刚性材料的温缩系数（10^{-6}/℃） 表 4-1

材料	石灰土	水泥土	二灰土	石灰土砂砾	水泥砂砾	石灰粉煤灰砂砾
a_t	63 ~ 67.5	37 ~ 41	30 ~ 53	16.7	10 ~ 15	11.4 ~ 15.3

4.1.2 预防半刚性基层沥青路面反射裂缝的主要措施

目前，国内外对减少半刚性基层沥青路面反射裂缝的措施主要有以下几种：

（1）增加沥青面层厚度来防止基层反射裂缝。通过增加沥青面层厚度，可以降低沥青面层的拉应力，并减少半刚性基层的温度变化。国际上通用做法是将沥青面层厚度增加至 15 ~ 25cm。

（2）加强半刚性基层材料的合理组成设计。

通过进行半刚性基层材料的合理设计，例如增加经严格设计级配组成的粗集料含量，调整结合料用量与比例以减小材料的温缩和干缩系数，增加半刚性基层材料的抗裂性能。

（3）从结构本身入手防止和减少半刚性沥青路面基层的反射裂缝。如在沥青面层和半刚性基层之间设置一层韧性好、弹性模量低的材料作为应力吸收层，来吸收半刚性基层裂缝产生的能量。目前，这种方法在国内外工程实践中用得较多。如在面层与基层之间增加级配碎石上基层，采用半刚性材料作为下卧层，具有一定厚度的优质级配碎石作上基层。这种上柔下刚式的“组合基层”在很大程度上能够防止和减少半刚性基层反射裂缝，同时，级配碎石基层还能充当具有排水功能的基层。

4.1.3 级配碎石作为上基层的防裂机理

级配碎石上基层能够有效防止和减缓半刚性基层沥青路面的反射裂缝，主要基于以下原因：

（1）级配碎石收缩系数极小，本身具有不传递拉应力和拉应变的特性。因此，它能消散、吸收由外界条件变化产生的应力。例如当温度骤降情况下，在反射裂缝尖端产生的应力及应变。

（2）级配碎石材料作为散粒结构，具有不传递拉应力、拉应变的特性，在级配碎石层中，半刚性基层裂缝尖端的拉应力不会形成应力集中，因级配碎石层能充分吸收其下层裂缝释放的应变能，进而达到抑制裂缝的效果。

4.2 级配碎石上基层对反射裂缝的抑制分析

半刚性基层沥青路面反射裂缝，其实质是干缩和温缩作用而引发半刚性基层产生的裂缝，对于这种结构中带有裂纹情况下的裂缝尖端受力状态，以及裂纹扩展规律，可采用断裂理论进行分析。从力学机理上讲，反射裂缝可以认为是带裂缝路面结构在外荷载及环境因素共同作用下，裂纹尖端应力集中、出现应力奇异点，此应力值远高于无裂缝相同点处应力，从而导致上层沥青拉裂，裂缝向上扩展而最终形成。下面介绍有关断裂力学的基本理论。

4.2.1 断裂力学基本理论

断裂力学是研究带裂纹的构件强度以及裂纹扩展规律的一门学科，它的主要任务是研究裂纹尖端附近的应力、应变情况，掌握裂纹在荷载作用下的扩展规律；了解带裂纹构件的承载能力，从而提出抵抗断裂的设计方法，以保证构件的安全工作。

1）裂纹类型

在线弹性断裂力学中，根据裂纹受力以及破坏方式，可将裂纹开裂分为3种基本类型，即张开型（Ⅰ型）、剪切型或滑开型（Ⅱ型）和撕开型（Ⅲ型），如图4-1所示。

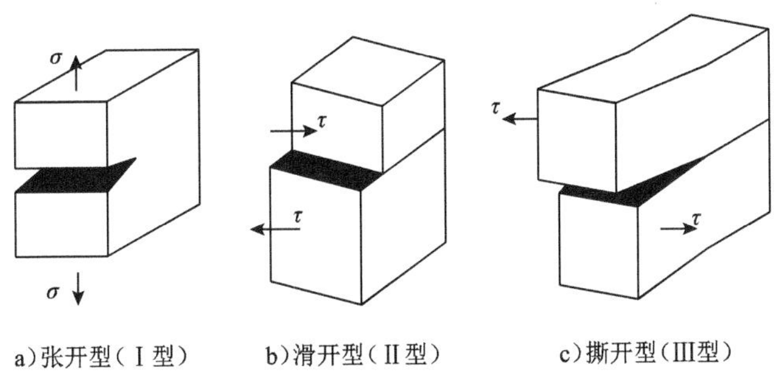

a）张开型（Ⅰ型）　b）滑开型（Ⅱ型）　c）撕开型（Ⅲ型）

图4-1　3种基本的开裂类型

（1）张开型（Ⅰ型）裂纹：是在与裂纹面正交的拉应力下，裂纹面产生张开位移而形成的，位移与裂纹面正交即沿拉应力方向。裂纹表面的位移垂直于这个表面，裂纹面的上表面点与下表面点沿拉应力方向的位移分量不连续。

（2）剪切型或滑移型（Ⅱ型）裂纹：是在平行于裂纹面而与裂纹尖端线垂直方向的剪应力作用下，使裂纹面沿剪应力的作用方向产生相对滑移而形成的一种裂纹，裂纹面上的上表面点与下表面点沿剪应力方向的位移分量不连续。

（3）撕开型（Ⅲ型）裂纹：是在平行于裂纹面而与裂纹尖端线平行方向的切应力作用下，使裂纹面产生沿裂纹面外，即沿作用的切应力方向产生相对滑动而形成的一种裂纹，裂纹面上的上表面点与下表面点沿切应力方向的位移分量不连续。

一般认为，半刚性基层沥青路面结构内的裂缝扩展主要是Ⅰ型，当汽车荷载作用在裂缝的正上方时，裂缝处的沥青层内产生压应力，裂缝将以张开模式引发沥青层的反射裂缝。而在“白加黑”路面（即水泥路面上加铺沥青层）中，当汽车荷载作用在裂缝之前或之后时，裂缝两侧沥青层的受力不均匀，旧面板裂缝将以剪切模式引发沥青层的反射裂缝，即产生Ⅱ型

（剪切型）裂缝。撕开型裂纹由于与路面受力不符，因此不存在。本章研究的是级配碎石作为防止反射裂缝层加铺在半刚性基层和沥青面层中间时的应力、应变变化，所以在后面模型的设置中仅考虑Ⅰ型（张开型）断裂模型。

2）裂缝尖端奇异场及应力强度因子

图4-2所示为一平面裂纹，坐标原点 O 选在裂尖，r、θ 为极坐标，x、y 为直角坐标。

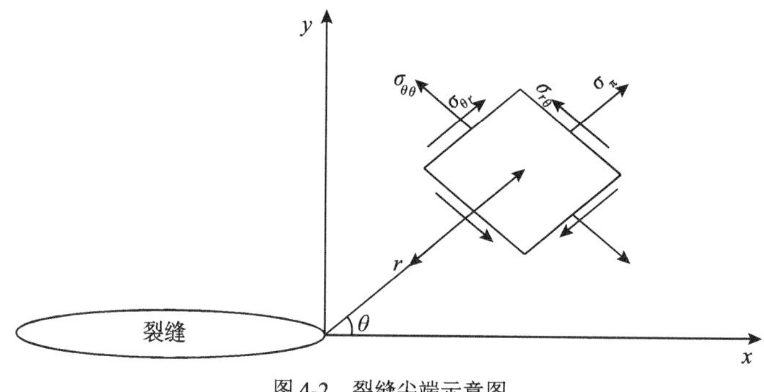

图4-2 裂缝尖端示意图

极坐标和笛卡尔坐标下的裂尖附近应力场和位移场分别为：

$$\sigma_{rr}=\frac{K_{\mathrm{I}}}{\sqrt{2\pi r}}\left(\frac{5}{4}\cos\frac{\theta}{2}-\frac{1}{4}\cos\frac{3\theta}{2}\right)+\frac{K_{\mathrm{II}}}{\sqrt{2\pi r}}\left(-\frac{5}{4}\sin\frac{\theta}{2}+\frac{3}{4}\sin\frac{3\theta}{2}\right) \tag{4-1}$$

$$\sigma_{\theta\theta}=\frac{K_{\mathrm{I}}}{\sqrt{2\pi r}}\left(\frac{3}{4}\cos\frac{\theta}{2}+\frac{1}{4}\cos\frac{3\theta}{2}\right)+\frac{K_{\mathrm{II}}}{\sqrt{2\pi r}}\left(-\frac{3}{4}\sin\frac{\theta}{2}-\frac{3}{4}\sin\frac{3\theta}{2}\right) \tag{4-2}$$

$$\sigma_{r\theta}=\frac{K_{\mathrm{I}}}{\sqrt{2\pi r}}\left(\frac{1}{4}\sin\frac{\theta}{2}+\frac{1}{4}\sin\frac{3\theta}{2}\right)+\frac{K_{\mathrm{II}}}{\sqrt{2\pi r}}\left(\frac{1}{4}\cos\frac{\theta}{2}+\frac{3}{4}\cos\frac{3\theta}{2}\right) \tag{4-3}$$

$$\sigma_{x}=\frac{K_{\mathrm{I}}}{\sqrt{2\pi r}}\cos\frac{\theta}{2}\left(1-\sin\frac{\theta}{2}\sin\frac{3\theta}{2}\right)-\frac{K_{\mathrm{II}}}{\sqrt{2\pi r}}\sin\frac{\theta}{2}\left(2+\cos\frac{\theta}{2}\cos\frac{3\theta}{2}\right) \tag{4-4}$$

$$\sigma_{y}=\frac{K_{\mathrm{I}}}{\sqrt{2\pi r}}\cos\frac{\theta}{2}\left(1+\sin\frac{\theta}{2}\sin\frac{3\theta}{2}\right)+\frac{K_{\mathrm{II}}}{\sqrt{2\pi r}}\sin\frac{\theta}{2}\cos\frac{\theta}{2}\cos\frac{3\theta}{2} \tag{4-5}$$

$$\tau_{xy}=\frac{K_{\mathrm{I}}}{\sqrt{2\pi r}}\cos\frac{\theta}{2}\sin\frac{\theta}{2}\cos\frac{3\theta}{2}+\frac{K_{\mathrm{II}}}{\sqrt{2\pi r}}\cos\frac{\theta}{2}\left(1-\sin\frac{\theta}{2}\sin\frac{3\theta}{2}\right) \tag{4-6}$$

$$u=\frac{K_{\mathrm{I}}}{4G}\sqrt{\frac{r}{2\pi}}\left[(2\chi-1)\cos\frac{\theta}{2}-\cos\frac{3\theta}{2}\right]+\frac{K_{\mathrm{II}}}{4G}\sqrt{\frac{r}{2\pi}}\left[(2\chi+3)\sin\frac{\theta}{2}+\sin\frac{3\theta}{2}\right] \tag{4-7}$$

$$\upsilon=\frac{K_{\mathrm{I}}}{4G}\sqrt{\frac{r}{2\pi}}\left[(2\chi+1)\sin\frac{\theta}{2}-\sin\frac{3\theta}{2}\right]-\frac{K_{\mathrm{II}}}{4G}\sqrt{\frac{r}{2\pi}}\left[(2\chi-3)\cos\frac{\theta}{2}+\cos\frac{3\theta}{2}\right] \tag{4-8}$$

式中：G——剪切模量，$G=\dfrac{E}{2(1+\mu)}$；

$\chi=\dfrac{3-\mu}{4+\mu}$（平面应力），$\chi=3-4\mu$（平面应变）。

对于撕开型即Ⅲ型裂缝来说，裂缝尖端附近的应力分量和位移分量为：

$$\tau_{xz}=\frac{K_{\mathrm{III}}}{\sqrt{2\pi r}}\sin\frac{\theta}{2} \tag{4-9}$$

$$\tau_{yz}=\frac{K_{\mathrm{III}}}{\sqrt{2\pi r}}\cos\frac{\theta}{2} \tag{4-10}$$

$$w=\frac{2(1+\mu)K_{\mathrm{III}}}{E}\sqrt{\frac{2\pi}{r}}\sin\frac{\theta}{2} \tag{4-11}$$

以上式中：K_{I}——Ⅰ型应力强度因子；

K_{II}——Ⅱ型应力强度因子；

K_{III}——Ⅲ型应力强度因子。

Ⅰ型、Ⅱ型和Ⅲ型应力强度因子控制的裂缝尖端的应力场和位移场可统一，即为：

$$\sigma_{ij}=\frac{K}{\sqrt{2\pi r}}f_{ij}(\theta) \tag{4-12}$$

$$u_i=K\sqrt{\frac{r}{\pi}}g_i(\theta) \tag{4-13}$$

对于不同类型的应力强度因子，$f_{ij}(\theta)$ 和 $g_i(\theta)$ 具有不同的表达式。从上面的公式可以看出，只要有裂缝存在，并且外荷载不等于零（即使很小很小），则裂缝尖端处的应力总是趋于无限大的。因应力与 $\sqrt{r}$ 成反比，在裂缝尖端处（r=0），应力为无限大，即应力在裂缝尖端处出现奇异点，应力场具有 $1/\sqrt{r}$ 奇异性。

在断裂力学中，应力强度因子作为表征裂缝尖端附近应力奇异性程度的参量，是衡量裂缝尖端区应力场强度的重要指标。应力强度因子可由相应的应力场和位移场定义：

$$K_{\mathrm{I}}=\lim_{r\to 0}\sqrt{2\pi r\sigma_y}\quad (r,0) \tag{4-14}$$

$$K_{\mathrm{II}}=\lim_{r\to 0}\sqrt{2\pi r\tau_{xy}}\quad (r,0) \tag{4-15}$$

$$K_{\mathrm{III}}=\lim_{r\to 0}\sqrt{2\pi r\tau_{yz}}\quad (r,0) \tag{4-16}$$

或

$$K_{\mathrm{I}}=\frac{2G}{\chi+1}\sqrt{2\pi}\lim_{r\to 0}\frac{\upsilon(r,\pi)}{\sqrt{r}} \tag{4-17}$$

$$K_{\mathrm{II}}=\frac{2G}{\chi+1}\sqrt{2\pi}\lim_{r\to 0}\frac{u(r,\pi)}{\sqrt{r}} \tag{4-18}$$

$$K_{\mathrm{III}}=\frac{G}{2}\sqrt{2\pi}\lim_{r\to 0}\frac{w(r,\pi)}{\sqrt{r}} \tag{4-19}$$

式中： K_{I}——Ⅰ型应力强度因子；

K_{II}——Ⅱ型应力强度因子；

r、θ——极坐标；

σ_y、τ_{xy}、τ_{yz}——裂缝尖端附近的应力分量；

G——剪切模量，$G=\dfrac{E}{2(1+\mu)}$；

$\chi=\dfrac{3-\mu}{4+\mu}$（平面应力），$\chi=3-4\mu$（平面应变）。

当荷载为对称荷载，裂尖应力场由Ⅰ型应力强度因子控制时，令 θ=180°，由式(4-8)可得到用裂缝面位移表示的应力强度因子（平面应变）：

$$K_{\mathrm{I}}(t)=\frac{\sqrt{2\pi}E}{4(1-\mu^2)}\cdot\frac{\upsilon(t)}{\sqrt{r}} \tag{4-20}$$

一般情况下，应力强度因子的大小与载荷性质、裂缝几何形态和结构几何形态等因素有关。现在，只有几种简单情况下可以推导出应力强度因子的解析表达式。当荷载情况复杂、构件尺寸不规则时，很难用解析法来确定应力强度因子，此时，只能用试验方法或数值方法来计算。

另外需要指出的是，应力强度因子与应力集中系数是两个完全不同的参数。应力强度因子与应力点坐标无关，它从总体上反映了裂缝尖端附近应力场奇异性的强弱；而应力集中系数是应力集中处最大应力与名义应力之比，它反映了应力集中的程度。

3）J 积分

美国科学工作者和苏联科学工作者分别讨论裂纹问题时，为了避开直接计算裂纹尖端附近的弹塑性应力应变场，提出了一个围绕裂纹尖端的围线积分即 J 积分。经证明，这个积分值与积分路径无关（其值为常数，即 J 积分的守恒性），并认为这一常数的数值反映了裂纹尖端应力、应变场的强度。

如图4-3所示，围绕裂纹尖端做一回路，并沿此回路作下式积分：

$$J=\int_{\Gamma}\left(\omega \mathrm{d}x_2-\boldsymbol{T}_i\frac{\partial \boldsymbol{u}_i}{\partial x_i}\mathrm{d}s\right)\quad (i=1,2) \tag{4-21}$$

式中：Γ——自裂纹下表面是任意一点起，沿逆时针方向绕过裂纹尖端而至于裂纹上表面任意一点的任意一条曲线；

ω——在弹塑性条件下，在单调加载过程中裂纹体的应变能密度；

$\boldsymbol{T}_i$——作用在回路曲线 ds 对应的面元素上的表面力矢量，其分量为：$T_1=T_{x1}$，$T_2=T_{x2}$；

$\boldsymbol{u}_i$——该处的位移矢量，其分量为：$u_1=u$，$u_2=v$；

$\boldsymbol{n}$——线元素 ds 外法线单位矢量，其分量即为方向余弦：$n_1=\cos(n,x_1)$，$n_2=\cos(n,x_2)$。

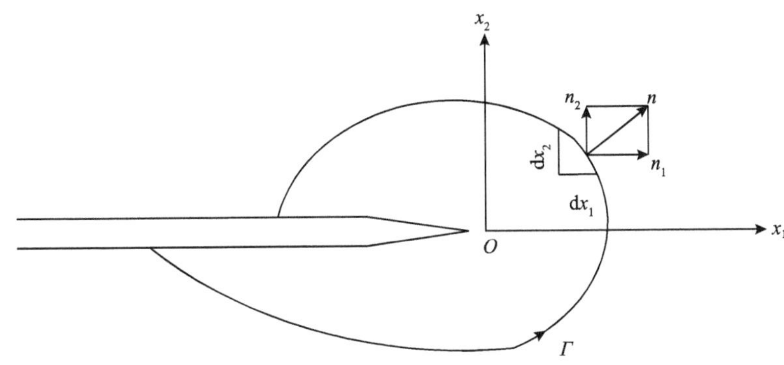

图4-3 裂纹尖端积分回路

经推导证明，在线弹性状态下，J 积分就是应变能释放率 G，即裂纹扩展单位面积所释放出的能量。

平面应变条件：

$$J=\frac{1-\mu^2}{E}K_{\mathrm{I}}^2=G_1 \tag{4-22}$$

平面应力条件：

$$J=\frac{1}{E}K_{\mathrm{I}}^2=G_1 \tag{4-23}$$

对于 J 积分，也可以建立起类似的断裂判据：

$$J = J_{IC} \tag{4-24}$$

式中：J_{IC}——材料抵抗裂纹扩展的断裂韧性，叫作临界 J 积分，可以通过试验获得。

本章所建路面模型都为轴对称模型，故基于二维情况的弹性体在机械载荷下、小变形梯度、小应变及小旋转的情况下定义 J 积分。当围线积分绕着裂纹尖端时，它是这个区域内的一个守恒积分，没有奇异性，而且与积分的路径无关，当裂纹扩展时，J 积分在数值上等于能量的释放率。

4.2.2 基于断裂力学的裂缝抑制有限元模型的建立

本章基于断裂力学理论，利用 ABAQUS 有限元软件建模，分析在沥青面层下设置级配碎石上基层对应力强度因子的影响，从理论上研究级配碎石上基层对反射裂缝的抑制作用，为进一步在沥青路面结构中合理地设置级配碎石上基层，提供理论依据。

1）模型参数

级配碎石路面结构设计参数见表 4-2，带裂缝的级配碎石基层路面结构和常规半刚性基层路面结构模型，见图 4-4、图 4-5。

5 种路面结构形式各结构层材料设计参数 表 4-2

结构类型	面层厚度（cm）	面层模量（MPa）	基层厚度（cm）	基层模量（MPa）	砂砾厚度（cm）	砂砾模量（MPa）	土基模量（MPa）	上基层厚度（cm）
结构一	7	1400	30	1800	25	200	40	0
结构二	7	1400	20	1800	25	200	40	10
结构三	7	1400	20	1800	25	200	40	12
结构四	7	1400	20	1800	25	200	40	15
结构五	7	1400	20	1800	25	200	40	20

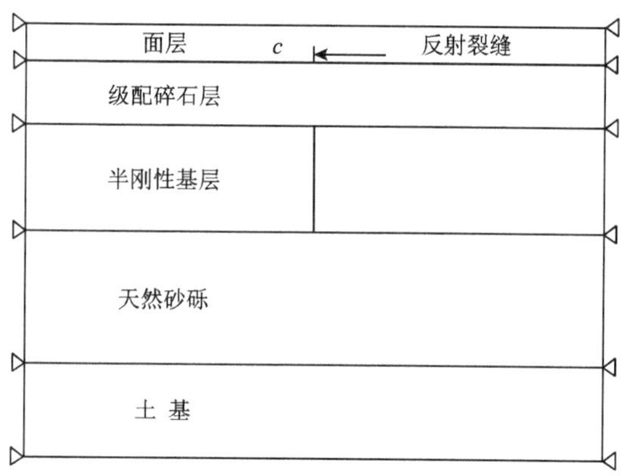

图 4-4 带裂缝的级配碎石上基层路面结构

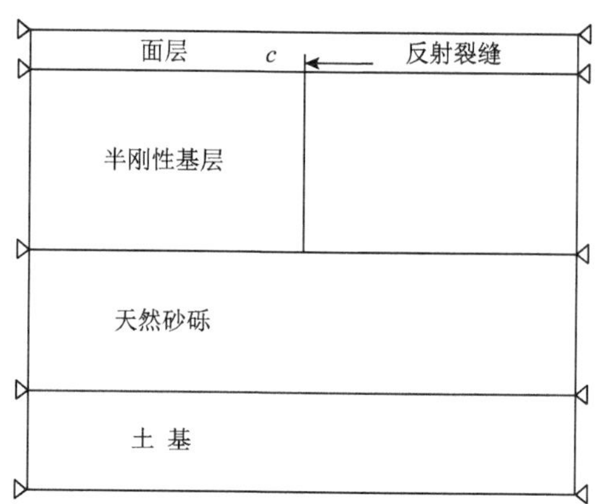

图 4-5 带裂缝的常规半刚性基层路面结构

2）荷载模式的确定

（1）基本假设

考虑到有裂缝基层路面结构的实际受力情况，将模型做以下简化：

①沥青混合料在低温条件下主要表现为弹性性能，按线性假设进行分析。

②除裂缝面是由一系列不连续点构成以外，各层均由均质各向同性的线弹性材料组成，力学特性用弹性模量 E 和泊松比 v 表征。

③路面结构为长 6m、厚 3m 的线弹性体，且各层间始终保持位移和应力都完全连续，只有上、下两层接触面上的水平应力不连续。

④横向裂缝贯穿路面的整个宽度，且所有裂缝面均为自由面。

⑤边界条件的定义，设定垂直于 x 轴方向的面即横断面，固定 x 轴方向位移，并约束其他两个方向的转角；对于底面，固定 x、y 两个方向位移，并约束所有转角。

（2）荷载模式

假定道路表面作用有垂直荷载，接触面压力均匀，轮载采用 100kN（0.7 MPa，$2a=2\times15$cm），当车轮驶过裂缝上方时，经历 2 个典型位置，分别为行车荷载对称作用于裂缝上端（正载）和行车荷载作用于裂缝上方一侧（偏载），本书只考虑正载作用，如图 4-6 所示。

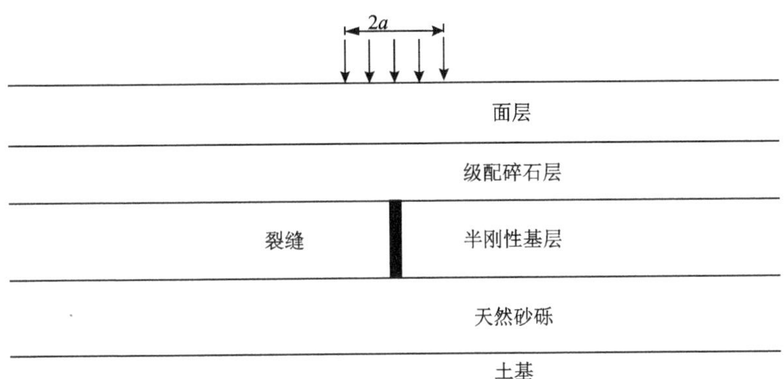

图 4-6　行车荷载作用于裂缝正上方

3）有限元模型的建立

模型中的路面结构在水平方向取 6m，深度方向取 3m。模型单元采用平面 8 结点常规单元，如图 4-7a）所示，结点 1 为裂缝尖端点，结点顺序编号 1 ～ 8。将结点 1、7 重合于 8，并将结点 2、6 移至距结点 1 四分之一边长处，得到平面 8 结点奇异单元，如图 4-7b）所示。可以证明，应力、应变分量在从结点 1 扩散的所有方向上（在结点所属单元范围内）均具有 $1/\sqrt{r}$ 次奇异性，因此，采用平面八结点奇异单元可以求解裂缝尖端附近的应力、应变和位移场，并具有较高的计算精度。

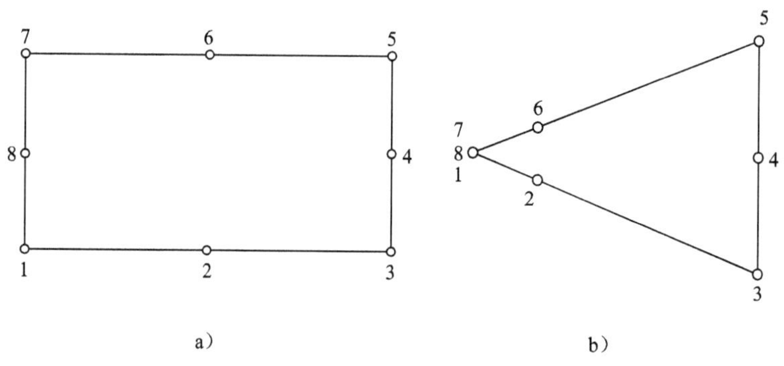

图 4-7　平面八结点奇异单元

采用 ABAQUS 有限元软件建立模型，如图 4-8、图 4-9 所示。图 4-8 为带裂缝的常规半刚性基层沥青路面结构，图 4-9 为带裂缝的级配碎石上基层沥青路面结构，图 4-10 为沥青路面裂缝尖端奇异单元网格的划分。

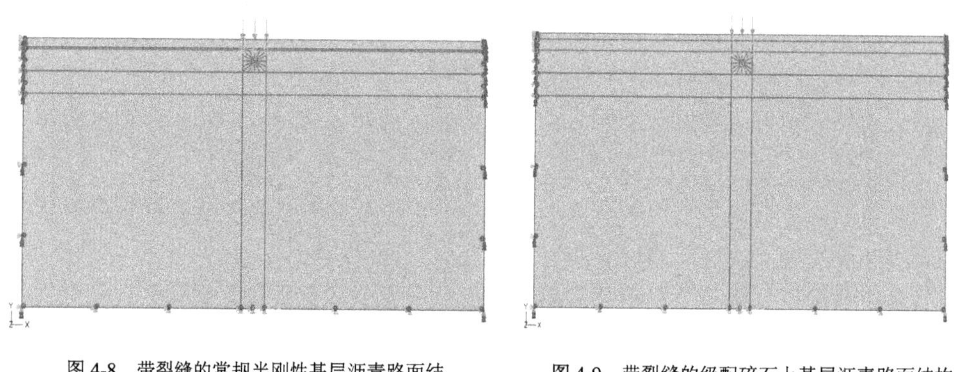

图 4-8　带裂缝的常规半刚性基层沥青路面结

图 4-9　带裂缝的级配碎石上基层沥青路面结构

图 4-10　沥青路面裂缝尖端奇异单元网格的划分

4）计算结果与分析

为了研究在不同级配碎石上基层厚度下，沥青面层层底应力强度因子、应力、应变的变化情况，本节分别建立了不同级配碎石厚度下的沥青路面结构模型，计算结果对比如图 4-11 所示。

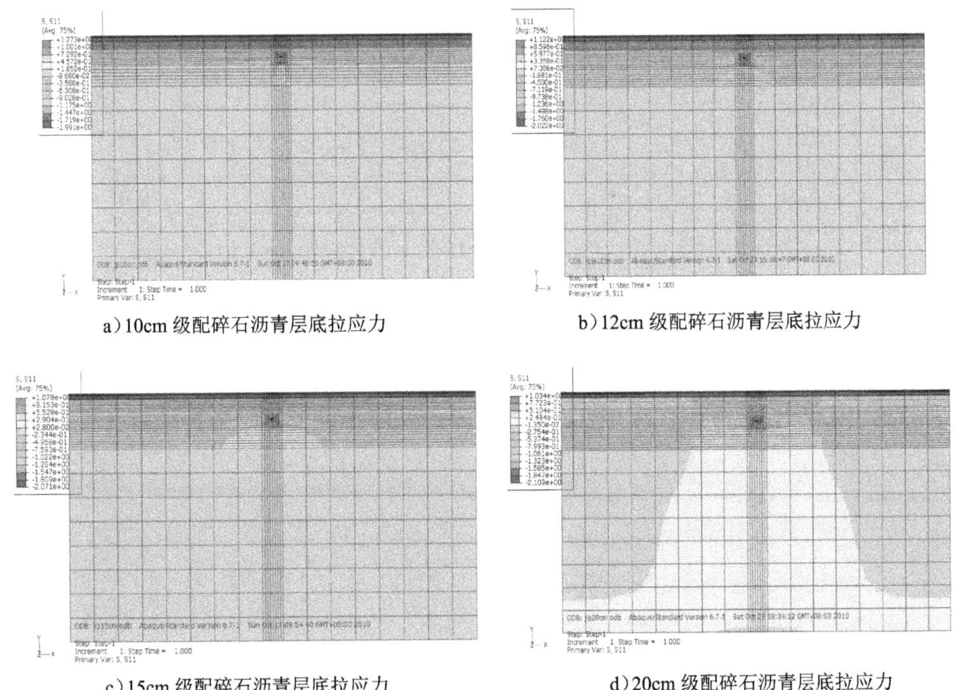

a）10cm 级配碎石沥青层底拉应力　　b）12cm 级配碎石沥青层底拉应力

c）15cm 级配碎石沥青层底拉应力　　d）20cm 级配碎石沥青层底拉应力

图 4-11　不同级配碎石厚度下的沥青层底拉应力（单位：MPa）

通过有限元计算，得到 5 种沥青路面结构在载荷作用下的应力、应变，如表 4-3 所示。

5 种路面结构在载荷作用下应力应变分析　　表 4-3

结构类型	应力强度因子（MPa·$m^{1/2}$）	沥青层底拉应力（MPa）	沥青层底拉应变（10^{-6}）
结构一	0.3720	0.589	420.7
结构二	0.2162	0.596	426.2
结构三	0.2025	0.599	427.6
结构四	0.1804	0.600	428.8
结构五	0.1767	0.602	430.2

（1）从表 4-3 及图 4-12 可以看出，在半刚性基层上设置级配碎石上基层，能明显减小裂缝尖端的强度因子大小。当级配碎石层厚为 10cm 时，应力强度因子减少 42%；当碎石厚度为 12cm 时，应力强度因子减少 46%；当碎石厚度达到 15cm 时，应力强度因子减少 51.5%；当碎石厚度达到 20cm 时，应力强度因子减少 53%。由此可见，级配碎石层具有较好的延缓反射裂缝的作用。

（2）从表 4-3 及图 4-13、图 4-14 可以看出，随着级配碎石层厚度的增加，沥青层底拉应力、拉应变逐渐增大。因此，对于级配碎石厚度，要取一个合理的数值，使其既能延缓反射裂缝，又能使沥青路面结构受力合理。当铺设 10 ~ 15cm 级配碎石时，半刚性基层反射裂缝抑制效果明显且沥青路面结构受力较为合理，因此，建议在结构设计中铺设级配碎石上基层，厚度以 10 ~ 15cm 为宜。

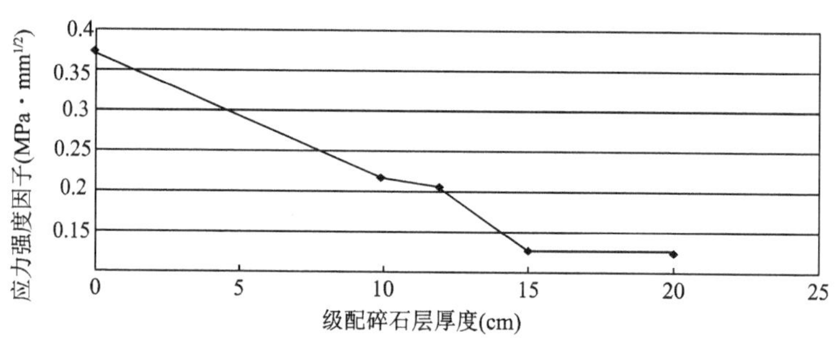

图 4-12 级配碎石层厚度与裂缝的应力强度因子的关系

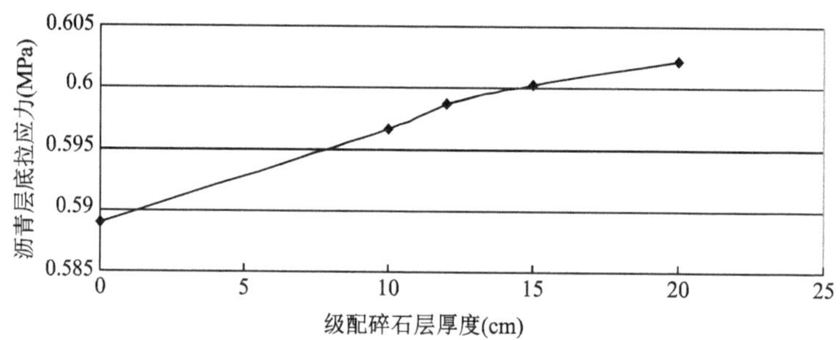

图 4-13 级配碎石层厚度与沥青层底拉应力的关系

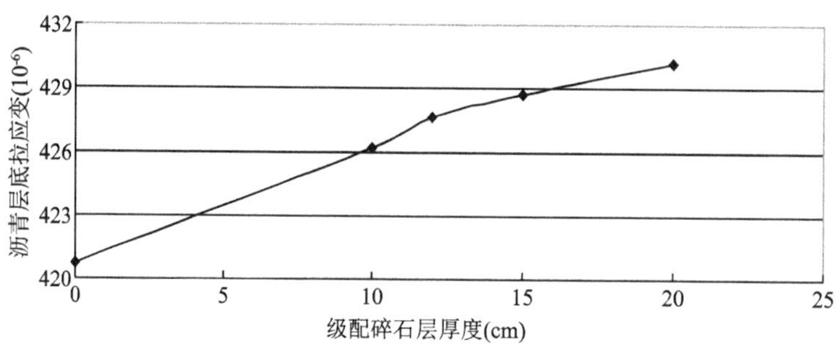

图 4-14 级配碎石层厚度与沥青层底拉应变的关系

4.2.3 各结构层模量对裂缝应力强度因子的影响分析

1)沥青面层模量对应力强度因子的影响

为了研究沥青面层模量对应力强度因子影响，运用 ABAQUS 建立与上节相同的有限元模型，计算不同沥青面层模量下的应力强度因子，模型计算参数如表 4-4 所示。对于沥青面层模量，考虑其常规数值都在 1200 ～ 1800MPa 之间，故分析中将沥青面层模量分别取为 1200MPa、1400MPa、1600MPa、1800MPa。

模 型 计 算 参 数　　表 4-4

结 构 层	厚度(cm)	弹性模量(MPa)	泊 松 比
沥青混凝土面层	7	1200 ~ 1800	0.25
碎石上基层	12	300	0.35
水稳砂砾	20	1800	0.25
天然砂砾	25	200	0.35
土 基	136	40	0.35

通过有限元模型计算了不同面层模量时应力强度因子的变化，如表 4-5、图 4-15 所示。

不同面层模量下的应力强度因子　　表 4-5

沥青面层模量(MPa)	应力强度因子($MPa \cdot m^{1/2}$)	沥青面层模量(MPa)	应力强度因子($MPa \cdot m^{1/2}$)
1200	0.0577	1600	0.3839
1400	0.2125	1800	0.4008

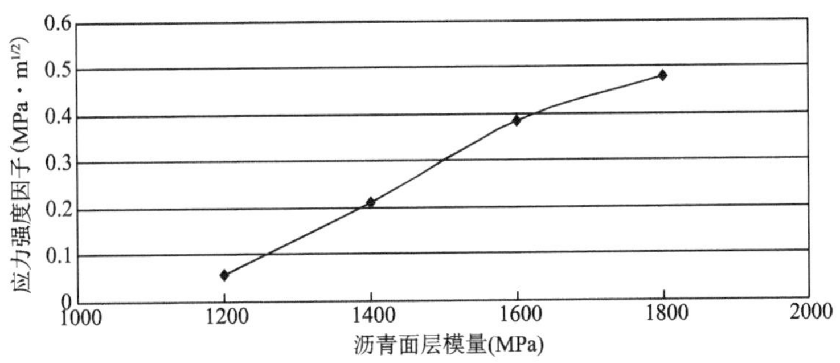

图 4-15　面层模量与应力强度因子的关系

从图 4-15 中可以看出，面层裂缝尖端的应力强度因子随着面层模量的增加而逐渐增大，且线性增长；面层模量由 1200MPa 增长到 1800MPa 时，有效应力强度因子增幅很大，故面层模量对有效应力强度因子的影响很大。

2）级配碎石层模量对应力强度因子的影响

为了研究级配碎石层模量对应力强度因子的影响，运用 ABAQUS 建立与上节相同的有限元模型，计算不同级配碎石层模量下的应力强度因子，模型计算参数如表 4-6 所示。对于级配碎石层模量，考虑其常规数值都在 200 ~ 500MPa 之间，故分析中将级配碎石层模量分别取为 200MPa、300MPa、350MPa、400MPa、500MPa。

模 型 计 算 参 数　　表 4-6

结 构 层	厚度(cm)	弹性模量(MPa)	泊 松 比
沥青混凝土面层	7	1400	0.25
碎石上基层	12	200 ~ 500	0.35

续上表

结构层	厚度(cm)	弹性模量(MPa)	泊松比
水稳砂砾	20	1800	0.25
天然砂粒	25	200	0.35
土基	136	40	0.35

通过有限元模型计算了不同级配碎石层模量时应力强度因子的变化，如表 4-7、图 4-16 所示。

不同级配碎石层模量下的应力强度因子　　表 4-7

级配碎石层模量(MPa)	应力强度因子($MPa \cdot m^{1/2}$)	级配碎石层模量(MPa)	应力强度因子($MPa \cdot m^{1/2}$)
200	0.4962	400	-0.0083
300	0.2125	500	-0.0195
350	0.0688		

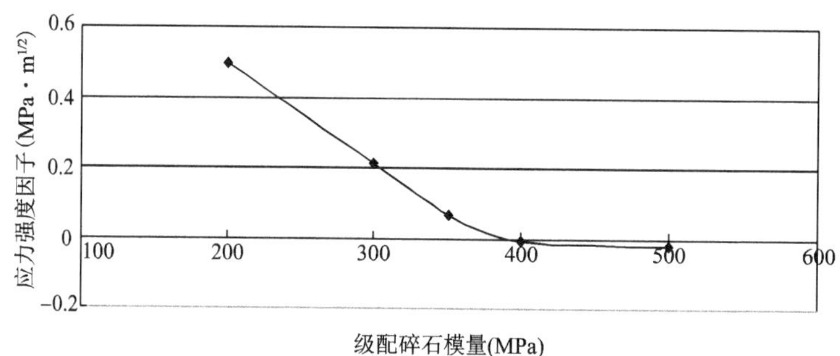

图 4-16　级配碎石模量与应力强度因子的关系

由图 4-16 可以很明显看出：

(1)面层裂缝尖端的应力强度因子随着级配碎石模量的增加而逐渐减小，级配碎石模量从 200MPa 增加到 500MPa 时，有效应力强度因子出现很大降幅，故级配碎石模量对有效应力强度因子影响较大。

(2)随着级配碎石模量的增加，有效应力强度因子趋势线逐渐减缓，即其下降速度逐渐减缓。由此说明，当基层模量增大到一定数值后，对面层裂缝的扩展就不再起主要作用了。

(3)当级配碎石模量增大到 400MPa 左右时，沥青层底应力强度因子为负值，说明沥青层底受压，因此，在含级配碎石上基层半刚性基层沥青路面的设计中，应尽量提高级配碎石的模量，对于改善沥青层受力十分有利。

3)半刚性基层模量对应力强度因子的影响

为了研究半刚性基层模量对应力强度因子的影响，运用 ABAQUS 建立与上节相同的有限元模型，计算不同半刚性基层模量下的应力强度因子，模型计算参数如表 4-8 所示。对于半刚性基层模量，考虑其常规数值都在 1200 ～ 2000MPa 之间，故分析中将半刚性基层模量分别取为 1200MPa、1400MPa、1600MPa、1800MPa、2000MPa。

模型计算参数　　表 4-8

结构层	厚度(cm)	弹性模量(MPa)	泊松比
沥青混凝土面层	7	1400	0.25
碎石上基层	15	300	0.35
水稳砂砾	20	1200 ~ 2000	0.25
天然砂粒	25	200	0.35
土基	136	40	0.35

通过有限元模型计算了不同半刚性基层模量时应力强度因子的变化，如表 4-9、图 4-17 所示。

不同级配碎石层模量下的应力强度因子　　表 4-9

半刚性基层模量(MPa)	应力强度因子($MPa \cdot m^{1/2}$)	半刚性基层模量(MPa)	应力强度因子($MPa \cdot m^{1/2}$)
1200	0.2462	1800	0.2104
1400	0.2324	2000	0.2036
1600	0.2211		

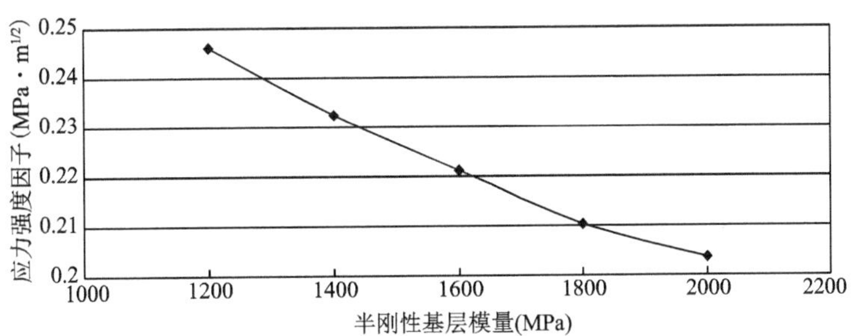

图 4-17　半刚性基层模量与应力强度因子的关系

由图 4-17 可以很明显看出：面层裂缝尖端的应力强度因子随着半刚性基层模量的增加而逐渐减小，半刚性基层模量从 1000MPa 增加到 1800MPa，有效应力强度因子降幅很小，说明半刚性基层模量对有效应力强度因子影响较小。

4.3 本章小结

在本章中，通过利用有限元软件 ABAQUS 建立了若干个计算模型，分别对是否在半刚性基层和沥青面层之间设置级配碎石条件下的应力强度因子进行了计算。同时，分析了级配碎石厚度、面层模量、级配碎石模量、半刚性基层模量 4 个因素对应力强度因子的影响，得到如下结论：

(1)运用断裂力学理论，通过对不同参数下的有限元模型计算结果进行对比分析可以看出，在沥青面层结构下设置级配碎石上基层结构，可以大幅度减小面层底部裂缝的应力强度因子，由此说明，级配碎石上基层可以有效防止反射裂缝的发生，为沥青路面结构合理设置级配碎石上基层提供了理论依据。

（2）随着级配碎石厚度的增加，面层裂缝尖端的应力强度因子随之降低，延缓反射裂缝的效果改善明显。但是随着级配碎石层厚度的继续增加，沥青层底拉应力、拉应变及路表弯沉逐渐增大，沥青路面的结构受力不再合理。因此，级配碎石的厚度应取为一个合理数值，才能达到延缓反射裂缝且使得沥青路面结构受力合理的目标。通过本章的计算及相关研究，推荐级配碎石层厚度在 12 ～ 15cm。

（3）随着面层模量的增加，面层裂缝尖端的应力强度因子逐渐增大，且增幅很大，故面层模量对应力强度因子有很大的影响。

（4）随着级配碎石模量、半刚性基层模量的增大，面层裂缝尖端的应力强度因子都逐渐较小，从本章中的各计算图表中可看出，增加级配碎石模量比增加半刚性基层模量得出的应力强度因子增幅大得多，说明增加级配碎石模量比增加半刚性基层模量更能有效抑制路面裂缝扩展。

第5章 级配碎石基层沥青路面结构分析

半刚性基层沥青路面面层下设置级配碎石上基层，可以大大减小面层底部裂缝的应力强度因子，并有效减缓基层反射裂缝向上扩展，为沥青路面结构的合理设置提供理论依据。但是由于级配碎石上基层的加入，整个沥青路面结构受力发生了变化。因此，有必要对设置级配碎石上基层的半刚性基层沥青路面结构进行力学响应分析，研究不同参数变化对结构受力的影响。

本章除了对上述问题开展研究，还针对级配碎石基层全柔性沥青路面结构以及传统半刚性基层沥青路面结构进行相应计算，通过对以上3种路面结构对比分析，为级配碎石基层全柔性沥青路面结构设计提供理论依据，并进一步提出合理的级配碎石基层沥青路面结构。

5.1 路面结构模型建立

5.1.1 路面结构和参数

本节设定了级配碎石上基层沥青路面结构、级配碎石基层全柔性沥青路面结构和典型半刚性沥青路面结构3种结构形式。通过3种结构的对比分析，研究级配碎石的位置变化、结构参数变化对路面结构内部应力、应变分布、路表弯沉的影响，总结不同结构参数下路面结构的应力分布规律。3种结构形式具体如下。

(1)A结构：级配碎石上基层沥青路面结构(表5-1)

考虑到本书的研究成果，主要用于旧路的大修工程中，即将旧路的半刚性基层沥青路面结构改成级配碎石上基层沥青路面结构，或者在旧路半刚性基层无法利用的情况下，采用柔性级配碎石基层沥青路面结构。同时，考虑到在上述情况下，旧路路基经过长期压实，其模量比新建公路路基模量高。因此，在本章路面结构模型中，将土基模量取值为 108MPa。

级配碎石上基层沥青路面结构设计参数 表 5-1

结构层	厚度（cm）	弹性模量（MPa）	泊松比
沥青混凝土面层	5 ~ 20	1200	0.25
级配碎石上基层	10、12、15、20、30、40	200、300、400、500、600	0.35
水稳砂砾基层	15、20、30、40	1500	0.25
土基	—	108	0.35

（2）B 结构：级配碎石基层全柔性沥青路面结构（表 5-2）

级配碎石基层全柔性沥青路面设计参数 表 5-2

结构层	厚度（cm）	弹性模量（MPa）	泊松比
沥青混凝土面层	5 ~ 20	1200	0.25
级配碎石基层	15、20、30、40	200、300、400、500、600	0.35
土基	—	108	0.35

（3）C 结构：典型半刚性基层沥青路面结构（表 5-3）

典型半刚性基层沥青路面设计参数 表 5-3

结构层	厚度（cm）	弹性模量（MPa）	泊松比
沥青混凝土面层	5 ~ 20	1200	0.25
半刚性基层	15、20、30、40	1500	0.35
土基	—	108	0.35

5.1.2 荷载图式

荷载形式为双圆均布荷载，荷载圆半径 0.1065m，轮隙间距 0.1065m，轴载为 100kN，轮胎压强 0.7MPa。

5.1.3 有限元模型

采用 ABAQUS 有限元软件建立三维有限元模型：

（1）模型尺寸：x、y 方向各取 5m，z 方向取 5m。原点设置在轮隙中心点，x 轴平行于行车方向，y 轴水平垂直于行车方向，z 轴垂直于水平面。

（2）边界条件：底面上 x、y、z 三个方向的位移为 0，垂直于 x 轴的两面，沿 x 方向的位移为 0。垂直于 y 轴的两面，沿 y 方向的位移为 0，各结构层之间，层间接触条件以层间完全连续为主。三维有限元模型和模型的网格划分分别如图 5-1、图 5-2 所示。

（3）计算中，根据级配碎石模量$E = k_1\theta^{k_2}$（$k_1 = 766$ $k_2 = 0.5$）的变化规律，将级配碎石层3等分，分别赋予各分层模量，以此模拟级配碎石层材料的非线性特征。

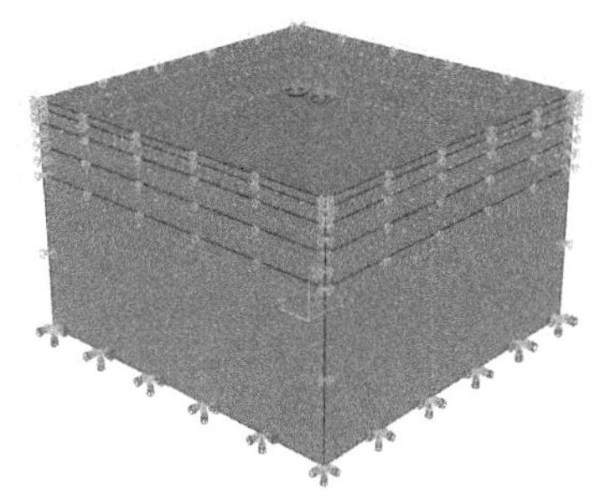

图5-1　路面的有限元模型

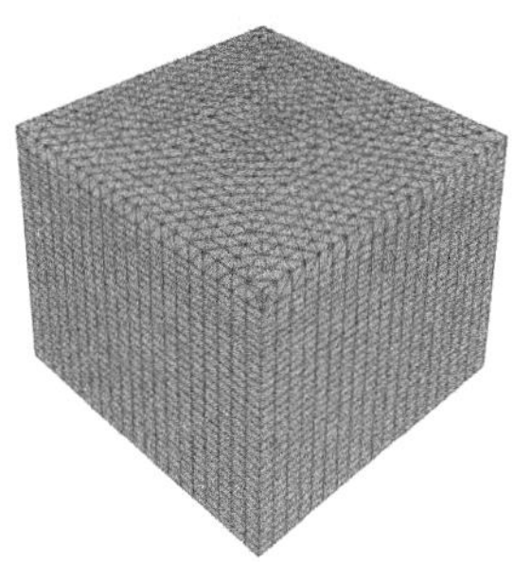

图5-2　路面结构模型的网格划分

5.1.4　计算指标选取

（1）路表弯沉（l）

路表弯沉是指在一定车辆荷载作用下，路表面的竖向变形。它是反映路面结构整体承载能力高低和使用状况好坏的最直观、简单的指标，是路面各结构层（包括土基）自身变形的综合反映。弯沉计算点为轮隙中心点。

（2）沥青面层底部拉应力（σ_t）、拉应变（ε_t）及剪应力（τ）

沥青路面在行车荷载作用下产生弯沉变形，进而产生层底拉应力。如果此弯拉应力较大并反复作用，路面结构层就会出现较大弯拉应变，从而导致路面结构产生弯拉疲劳破坏。路面结构的疲劳寿命主要受弯拉应变大小控制，因此，本书采用拉应变作为沥青疲劳性能的控制指标。

级配碎石层加入路面结构之后，由于其模量较小，有可能引起沥青面层内部剪应力发生变化，故还应对沥青层内部剪应力进行计算。

（3）半刚性基层层底拉应力（σ_m）

沥青路面在行车荷载作用下产生弯沉变形，使半刚性基层层底出现拉应力。如果此弯拉应力较大并反复作用，路面结构层就会出现较大弯拉应变，从而导致路面结构产生弯拉疲劳破坏。半刚性材料的疲劳寿命主要取决于重复应力与极限应力之比，故本书采用层底拉应力作为半刚性材料疲劳性能的控制指标。

（4）土基顶压应变（ε_c）

Shell法通过分析路面破坏状态提出设计标准，建立路面模型并进行力学计算。其设计指标中，控制路基永久变形采用土基顶面垂直压应变，故本节中对土基顶压应变进行了计算。

结合国内沥青路面设计计算指标的选取，并参照国外柔性基层设计方法，最终选取路表

弯沉 l、沥青面层底部拉应力 σ_t、拉应变 ε_t、剪应力 τ、半刚性基层层底拉应力 σ_m、土基顶压应变 ε_c 六个指标，针对前述给定的 3 种路面结构进行全面的分析和计算，研究以上各指标受路面结构参数变化的影响规律，找出适用于不同路面结构形式的设计指标。

5.2 级配碎石上基层沥青路面结构计算及结果分析

级配碎石上基层沥青路面结构，是将一定厚度的优质级配碎石作为上基层铺筑于半刚性基层材料之上。这种上柔下刚的组合结构发挥了半刚性基层沥青路面高强度的优点，并很大程度上克服了半刚性路面的缺点。但是，由于级配碎石层的模量相对较小，将其插入刚度较大的沥青面层与半刚性基层之间，将对沥青路面的整体受力状况产生影响。因此，本节主要对设有级配碎石上基层沥青路面进行详细研究。

5.2.1 级配碎石层合理设计参数分析

本节通过分析级配碎石上基层沥青路面结构中，级配碎石层厚度和模量变化对路面结构内部应力、应变和弯沉的影响，从理论上，找出级配碎石上基层沥青路面结构中级配碎石层的合理厚度和模量。分析中所用的路面结构模型和计算参数如图 5-3 所示。

上面层：细粒式沥青混凝土E=1400MPa	（3cm）
下面层：中粒式沥青混凝土E=1200MPa	（4cm）
上基层：级配碎石E=200、300、400、500、600MPa	（10、12、15、20、30、40cm）
下基层：水泥稳定砂砾E=1500MPa	（20cm）
旧路：E=108MPa	

图 5-3　路面结构模型和计算参数

5.2.1.1 级配碎石层合理厚度分析

通过第 3 章中对级配碎石材料室内外回弹模量试验以及根据现场数据的反算模量，本书中采用的级配碎石模量可以达到 400MPa 以上，本节计算中，级配碎石模量取 400MPa，级配碎石层厚度分别取 10cm、12cm、15cm、20cm、30cm、40cm，对路面结构 A 进行分析，各设计指标计算结果如表 5-4、图 5-4 所示。

各设计指标随级配碎石层厚度变化　　表 5-4

设计指标	级配碎石层厚度(cm)					
	10	12	15	20	30	40
l(0.01mm)	29.98	29.82	29.54	29.44	28.85	28.31
σ_t(MPa)	0.1376	0.1454	0.1535	0.1595	0.1647	0.1669
σ_m(MPa)	0.1038	0.0989	0.092	0.082	0.0657	0.0529
ε_t(10^{-6})	193.43	198.14	202.99	211.22	216.16	217.86
ε_c(10^{-6})	196.36	185.43	170.01	149.98	117.05	92.57
τ(MPa)	0.2761	0.2812	0.2867	0.2973	0.3037	0.3059

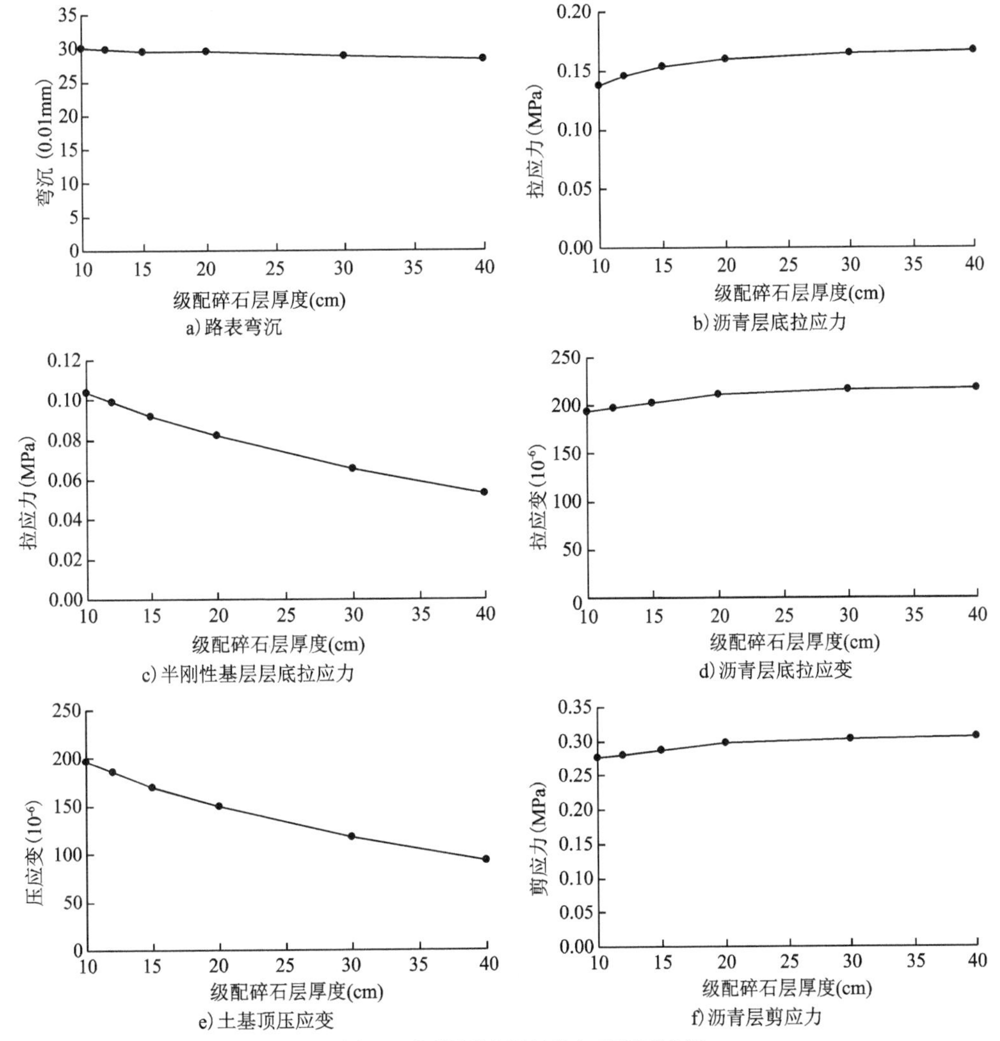

图 5-4　各设计指标随级配碎石厚度变化图

从表 5-4 和图 5-4 可以得出：

(1)路表弯沉随着级配碎石厚度增加，其变化幅度较小，级配碎石材料在实际施工中，若能够达到不低于400MPa的强度，则不会出现路表弯沉激增的情况。

（2）随着级配碎石层厚度的增加，沥青层底拉应力、拉应变和剪应力均增大。沥青层底拉应力增大23%，沥青层底拉应变增大14%，沥青层剪应力绝对值较大，增长幅度11%；

（3）半刚性基层层底拉应力随级配碎石层厚度的增加明显减小，但绝对值不大。

（4）土基压应变随着级配碎石厚度增加而明显减小，级配碎石层厚度的增加减小了土基顶面变形。

由以上分析可知，尽管级配碎石层厚度增加使得半刚性基层拉应力以及土基顶压应变明显减小，但沥青层内部的应力、应变却随着其厚度变化而增加，无论是拉应力还是拉应变都会使得该路面结构的疲劳寿命降低。并且，在级配碎石上基层沥青路面结构中，级配碎石层主要作为防止反射裂缝、排水的功能层，其厚度的增加不仅使得路面结构受力不合理，同时也增加了施工难度。因此，《公路路面基层施工技术细则》（JTG/T F20—2015）中规定“使用12t以上的三轮压路机碾压，每层压实厚度不应超过15～18cm。用重型振动压路机和轮胎压路机碾压时，每层的压实厚度可达20cm。”经过上述分析，推荐在级配碎石上基层沥青路面中，级配碎石的厚度范围为12～15cm。

5.2.1.2 级配碎石层模量分析

基于上一节的分析结果，本节中级配碎石层厚度取值为15cm，级配碎石模量取值为200～600MPa，对路面结构A进行分析，各指标计算结果如表5-5、图5-5所示。

各设计指标随级配碎石模量变化表 表5-5

级配碎石模量（MPa）	设计指标					
	l（0.01mm）	σ_t（MPa）	σ_m（MPa）	ε_t（10^{-6}）	ε_c（10^{-6}）	τ（MPa）
200	35.62	0.2355	0.0907	273.84	188.63	0.3651
300	31.76	0.1861	0.0917	230.65	177.73	0.3169
400	29.54	0.1535	0.092	202.99	170.01	0.2867
500	28.07	0.1299	0.0921	183.45	164.29	0.2655
600	26.95	0.0914	0.0927	169.33	158.98	0.2463

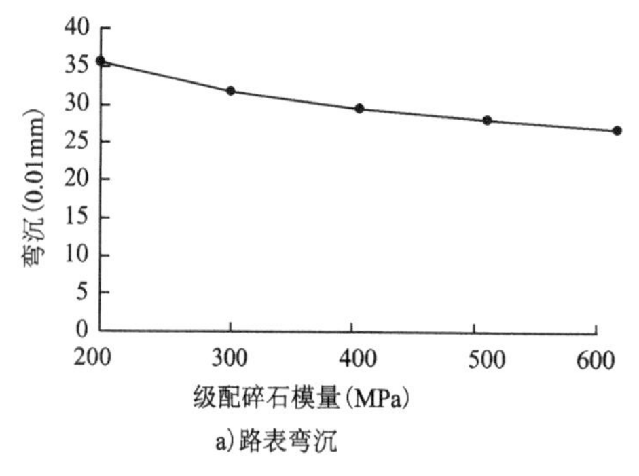

a）路表弯沉

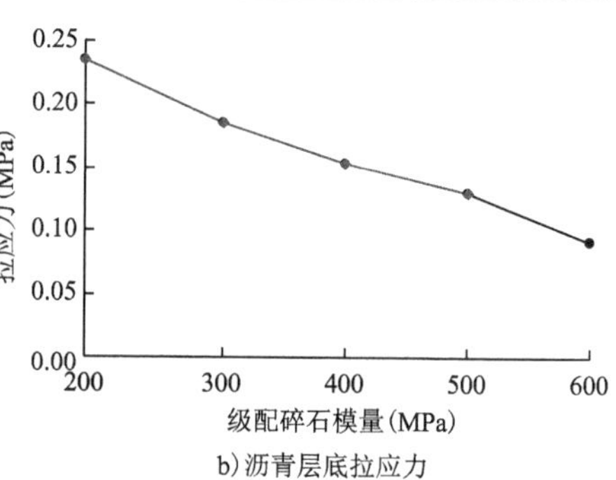

b）沥青层底拉应力

图 5-5

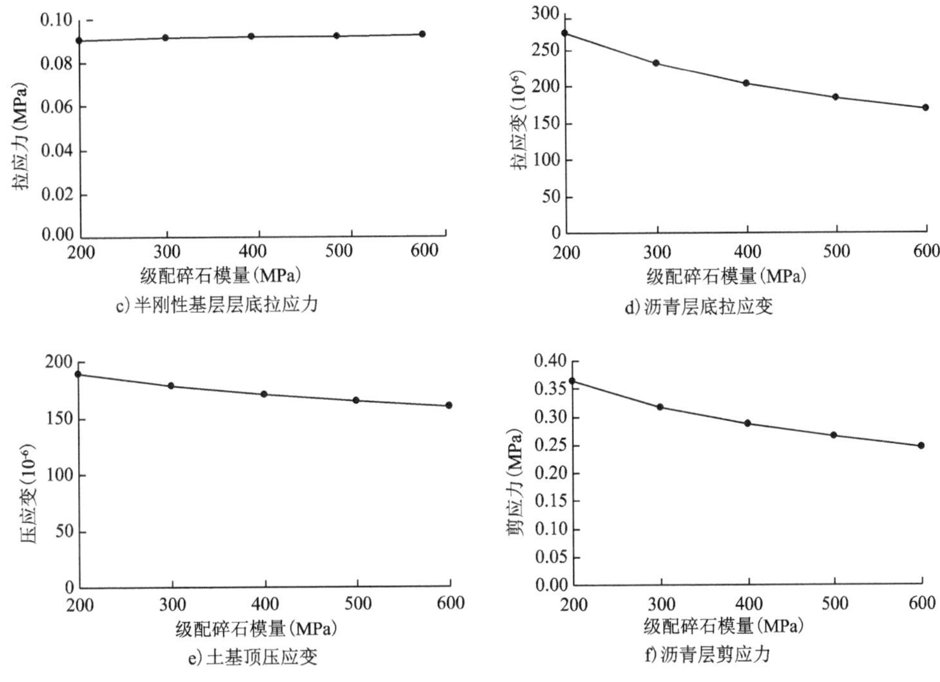

c)半刚性基层层底拉应力　d)沥青层底拉应变

e)土基顶压应变　f)沥青层剪应力

图 5-5 各设计指标随级配碎石模量变化图

从表 5-5 和图 5-5 可以得出：

级配碎石模量对整个路面结构的应力影响较大，所有计算的 6 个指标均随级配碎石模量的增加而明显减小。很显然，级配碎石模量越大，其对路面结构越有利；级配碎石模量过小，沥青层底拉应力甚至接近于其极限拉应力。由此可知，在级配碎石上基层沥青路面中，级配碎石模量至关重要，本书中所采用的两种级配碎石现场实际模量均能达到 350MPa 以上，可以满足实际使用需求。

5.2.1.3 级配碎石层厚度和模量综合分析

单独分析级配碎石层模量或者厚度对级配碎石上基层路面结构的受力影响，难免出现片面的结果。本节将综合考虑以上两个参数的变化对计算指标的作用，计算结果如表 5-6、图 5-6 所示。

路表弯沉随级配碎石层厚度和模量变化计算结果　表 5-6

E(MPa)	级配碎石层厚度(cm)					
	10	12	15	20	30	40
200	34.69	35.1	35.62	36.94	38.27	39.05
300	31.71	31.75	31.76	32.17	32.25	32.16
400	29.98	29.82	29.54	29.44	28.85	28.31
500	28.85	28.53	28.07	27.63	26.63	25.81
600	27.92	27.34	26.95	26.08	24.76	23.29

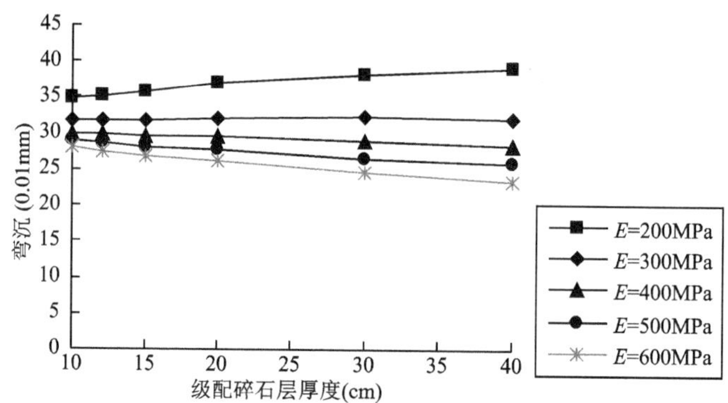

图 5-6 路表弯沉随级配碎石层模量、厚度变化图

从表 5-6 和图 5-6 可以看出，级配碎石上基层沥青路面中，级配碎石模量小于 300MPa 时，路表弯沉随着级配碎石厚度增加而增大，级配碎石模量越小，路表弯沉变化率越大；当级配碎石模量大于 400MPa 时，路表弯沉随着级配碎石层厚度增加而减小，且变化幅度随着级配碎石模量增加而增大。

对于路表弯沉值，根据公路等级、设计年限内累计标准当量轴次、面层和基层类型，按式（5-1）计算确定。

$$l_d = 600N_e^{-0.2}A_cA_sA_b \tag{5-1}$$

式中：l_d——设计弯沉值（0.01mm）。

N_e——设计年限内一个车道累计当量轴次。

A_c——公路等级系数，高速公路、一级公路为 1.0，二级公路为 1.1，三、四级公路为 1.2。

A_s——面层类型系数，沥青混凝土面层为 1.0；热拌和冷拌沥青碎石、上拌下贯或贯入式路面、沥青表面处治为 1.1，中、低级路面为 1.2。

A_b——路面结构类型系数，对半刚性基层 A_b =1.0；柔性基层 A_b =1.6。

规范中认为，采用柔性结构层和半刚性基层组合而成混合式基层路面，是从柔性向半刚性过渡的结构，设计弯沉值应介于两者之间，路面结构系数可采用内插的方法得到。即半刚性基层或底基层上柔性结构层总厚度小于 180mm 时，为半刚性基层结构，路面结构系数取值为 1.0；大于 300mm 为柔性结构，取值为 1.6。柔性结构层在 180 ～ 300mm 之间，路面结构系数可线性内插。

从本章给定的级配碎石上基层路面结构模型的计算结果来看，当级配碎石模量大于 400MPa 时，路表弯沉随着级配碎石厚度增加而减小。因此，采用《公路沥青路面设计规范》（JTG D50—2017）中给出的确定基层类型系数方法，并不合适，而将基层类型（A_b）取为 1.0，则较为合理。

根据以上分析，若取沥青面层厚度为7cm，模量1200MPa，半刚性基层厚度20cm，模量1500MPa，级配碎石层厚度在10～20cm变化，并只考虑弯沉为设计指标，则按照式（5-1）可以得到级配碎石上基层沥青路面，在不同级配碎石层厚度和模量所对应的累计当量轴次，如表5-7所示。

累计当量轴次（10^4次）计算　　表5-7

E（MPa）	级配碎石层厚度（cm）					
	10	12	15	20	30	40
400	517	531	557	566	627	689
500	627	663	719	778	935	1093
600	738	820	881	1038	1346	1828

基于以上分析计算，级配碎石模量大于400MPa时，级配碎石上基层沥青路面结构能够满足中等以上交通荷载作用，从节省费用、防治反射裂缝、路面结构应力分布合理性、施工效率等角度，本书推荐级配碎石上基层沥青路面结构在普通公路应用中，级配碎石厚度在12～15cm范围内即可。

下节讨论面层设计参数对级配碎石上基层沥青路面结构的影响。路面结构中，级配碎石模量取值400MPa，厚度15cm，从而确定在给定级配碎石层参数情况下，合理的面层厚度及模量取值。

5.2.2 面层合理厚度分析

本节通过分析级配碎石上基层沥青路面结构中面层厚度的变化对路面结构内应力、应变和弯沉的影响，确定面层的合理设计参数。所分析的路面结构模型和计算参数见图5-7。

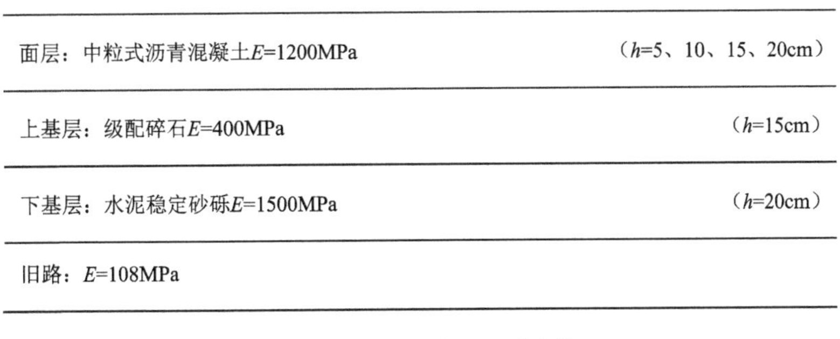

面层：中粒式沥青混凝土E=1200MPa	（h=5、10、15、20cm）
上基层：级配碎石E=400MPa	（h=15cm）
下基层：水泥稳定砂砾E=1500MPa	（h=20cm）
旧路：E=108MPa	

图5-7　路面结构模型和计算参数

本节计算中面层沥青混凝土取1200MPa，面层厚度取5～20cm，对路面结构A进行分析，在面层厚度变化的情况下，各设计指标的计算结果如表5-8和图5-8所示。

各设计指标随面层厚度变化表 表 5-8

设计指标	面层厚度(cm)			
	5	10	15	20
l(0.01mm)	31.61	27.43	25.13	23.12
σ_t(MPa)	0.1904	0.121	0.095	0.083
σ_m(MPa)	0.09522	0.083	0.0739	0.06388
ε_t(10^{-6})	234.72	151.33	117.54	106.95
ε_c(10^{-6})	182.35	152.27	131.45	112.05
τ(MPa)	0.2146	0.1632	0.1206	0.0989

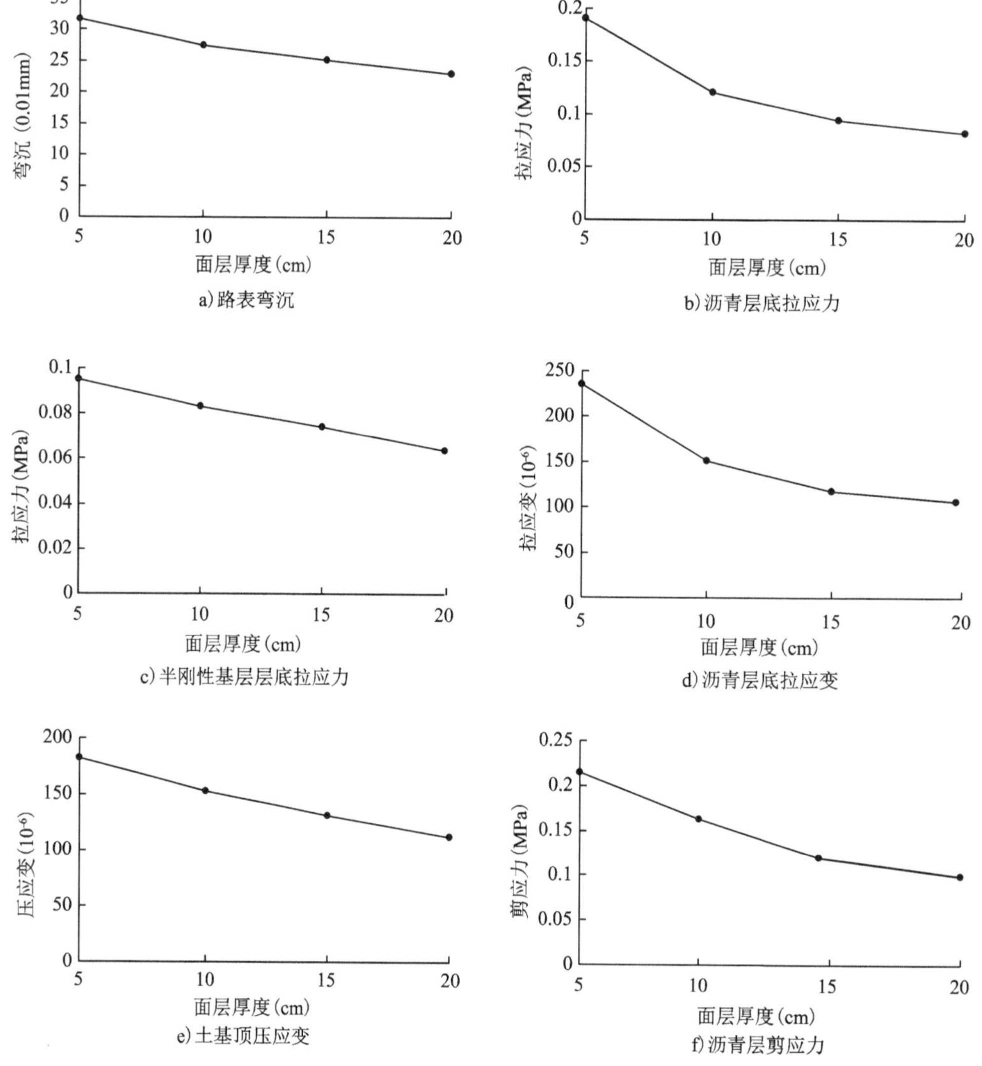

图 5-8 各设计指标随面层厚度变化图

从表 5-8 和图 5-8 可以得出：

增加面层厚度，所有计算指标均明显减小。由此可见，面层厚度的增加有利于减小级配碎石上基层沥青路面的力学响应。当面层厚度为 5cm 时，沥青层底拉应力为 0.1904，该值同时小于轻交通下和中等交通下沥青混合料的允许拉应力，路表弯沉也在合理的范围之内。由于增加面层厚度，极大减小了级配碎石模量低带来的不利影响，同时也发挥了级配碎石自身的优越性。因此，级配碎石上基层沥青路面对面层厚度有较为严格的要求。

利用上述计算结果，取级配碎石层厚度为 15cm，模量 400MPa，半刚性基层厚度为 20cm，模量 1500MPa，计算面层厚度在 5 ～ 10cm 的弯沉所对应的累计当量轴次，如表 5-9 所示。

累计当量轴次计算（面层厚度变化 5 ～ 20cm）　　表 5-9

面层厚度（cm）	5	10	15	20
累计当量轴次（万次）	397	806	1250	1896

综上所述，推荐在轻交通荷载下，面层厚度使用 5 ～ 10cm，中等交通使用 7 ～ 15cm，使用前应根据结构层参数具体进行设计。

5.2.3　半刚性基层合理厚度分析

本节通过分析级配碎石上基层沥青路面结构中，半刚性基层厚度的变化对设计指标的影响，确定半刚性基层的设计参数。计算模型中取面层厚度 7cm，面层模量 1200MPa，级配碎石层厚度 15cm，模量 400MPa，路面结构模型和计算参数见图 5-9。

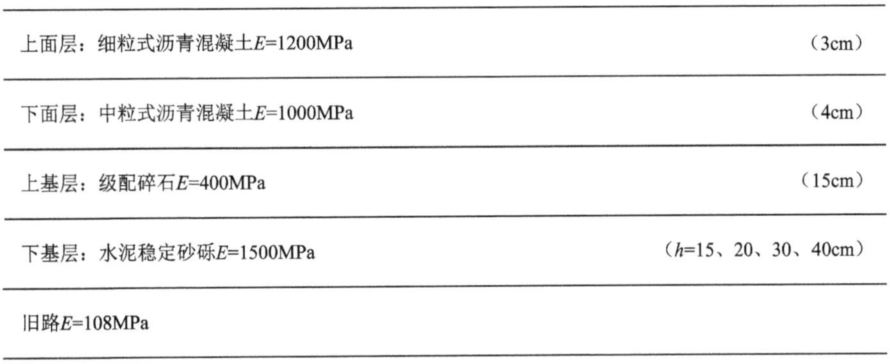

上面层：细粒式沥青混凝土 E=1200MPa	（3cm）
下面层：中粒式沥青混凝土 E=1000MPa	（4cm）
上基层：级配碎石 E=400MPa	（15cm）
下基层：水泥稳定砂砾 E=1500MPa	（h=15、20、30、40cm）
旧路 E=108MPa	

图 5-9　路面结构模型和计算参数

半刚性基层模量取值 1500MPa，半刚性基层厚度在 15 ～ 40cm，对路面结构 A 进行分析，各设计指标计算结果如表 5-10、图 5-10 所示。

各设计指标随半刚性基层厚度变化　　表 5-10

设计指标	半刚性基层厚度（cm）			
	15	20	30	40
l（0.01mm）	31.93	29.54	27.65	24.2
σ_t（MPa）	0.1668	0.1581	0.1535	0.1477
σ_m（MPa）	0.0668	0.0623	0.05771	0.05434
ε_t（10^{-6}）	206.67	202.99	200.69	199.5
ε_c（10^{-6}）	214.44	170.01	139.72	72.7
τ（MPa）	0.2927	0.2866	0.28243	0.2792

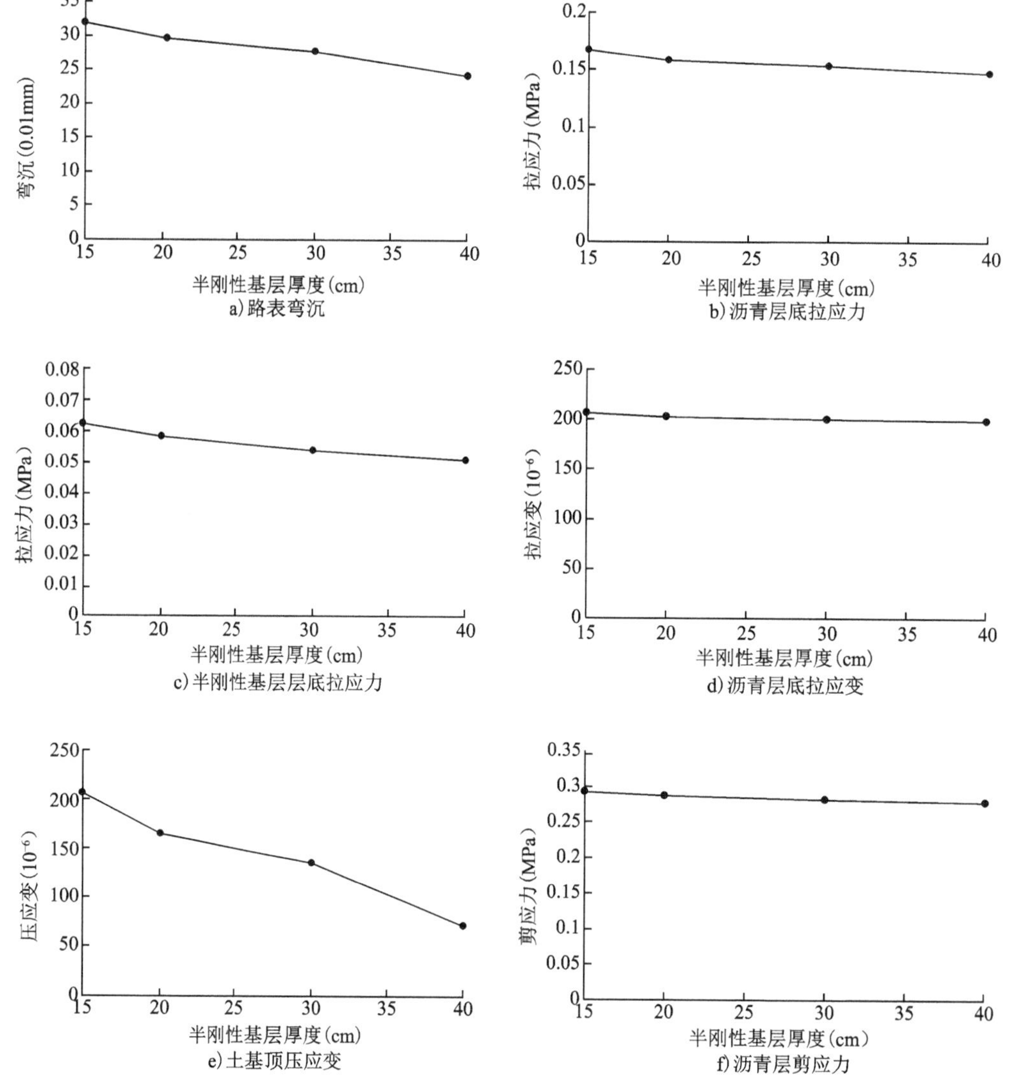

图 5-10　各设计指标随半刚性基层厚度变化图

从表 5-10 和图 5-10 可以得出：

半刚性基层厚度的增加，对减小面层层底拉应力、拉应变、面层剪应力的作用不大，但对减少路表弯沉，尤其是土基顶压应变作用明显。

利用上述计算结果，面层厚度取 7cm，级配碎石层厚度取 15cm，模量 400MPa，半刚性基层厚度在 15 ～ 40cm 变化，由弯沉控制得到的累计当量轴次见表 5-11。

累计当量轴次计算（面层厚度 5 ～ 20cm）　　表 5-11

面层厚度（cm）	15	20	30	40
累计当量轴次（万次）	377	557	775	1509

由于半刚性基层厚度对整个路面结构的沥青层应力影响较小，对改善路表弯沉以及土基顶部压应变效果明显，综合考虑施工因素，本书推荐级配碎石上基层沥青路面结构中，半刚性基层的厚度在轻交通情况下应为 20 ～ 30cm，而在中等交通量下，厚度应在 30 ～ 40cm。

5.3 级配碎石基层全柔性沥青路面计算结果分析

5.3.1 级配碎石基层设计参数确定

本节通过分析级配碎石基层全柔性沥青路面结构中级配碎石基层厚度和模量变化对路面结构设计指标的影响，确定适应本路面结构的碎石层设计参数。路面结构模型和计算参数如图 5-11 所示。

上面层：细粒式沥青混凝土E=1400MPa	（3cm）
下面层：中粒式沥青混凝土E=1200MPa	（4cm）
基层：级配碎石E=200、300、400、500、600MPa	（15、20、30、40cm）
垫层：天然砂砾E=200MPa	（20cm）
旧路E=108MPa	

图 5-11　路面结构模型和计算参数

5.3.1.1 级配碎石基层合理厚度分析

计算中级配碎石层模量取 400MPa，级配碎石基层厚度分别取 15cm、20cm、30cm、40cm，对路面结构 B 进行分析，各设计指标计算结果如表 5-12、图 5-12 所示。

各设计指标随级配碎石基层厚度变化表

表 5-12

设计指标	级配碎石基层厚度(cm)			
	15	20	30	40
l(0.01mm)	41.99	39.56	36.24	33.92
σ_t(MPa)	0.144	0.144	0.1471	0.1507
ε_t(10^{-6})	237.27	228.99	222.48	217.19
ε_c(10^{-6})	421.22	342.86	248.32	189.95
τ(MPa)	0.3269	0.3137	0.3024	0.2927

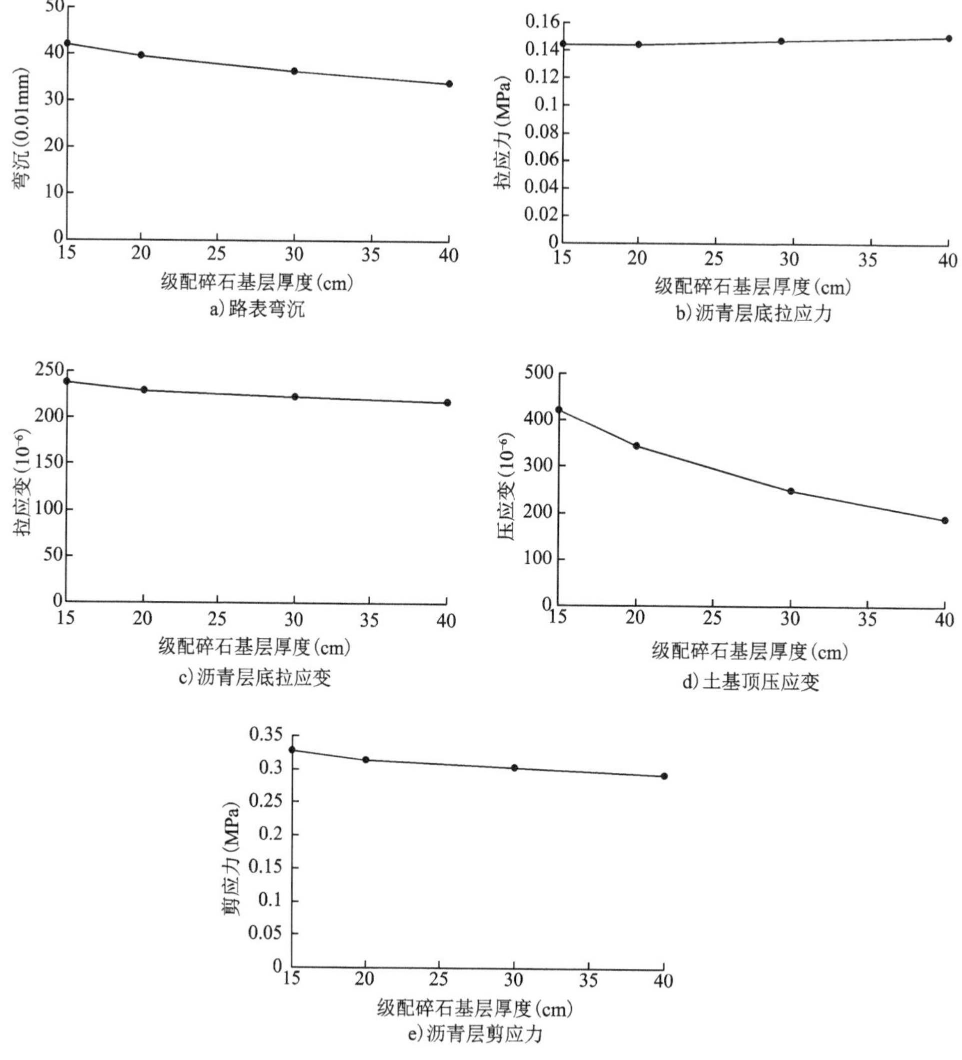

图 5-12 各设计指标随级配碎石基层厚度变化图

从表 5-12 和图 5-12 可以得出：

(1)路表弯沉随着级配碎石基层厚度增加而减小，当其在全柔性沥青路面中从 15cm 增加到 40cm，弯沉减小 17%。

(2)随着级配碎石基层厚度的增加,沥青层底拉应变和剪应力随着级配碎石基层厚度增加而减小,沥青层底拉应力数值较小,变化不明显。

(3)土基压应变随着级配碎石基层厚度增加而明显减小,级配碎石基层厚度的增加减小了土基顶面变形。

可见,级配碎石基层厚度增加对降低路表弯沉作用较为明显,所以对于级配碎石基层厚度的数值,本书推荐在轻交通情况下,取值为 25 ~ 30cm,在中等交通量下,取值为 30 ~ 40cm。

5.3.1.2 级配碎石模量分析

计算中,取级配碎石基层厚度为 30cm,级配碎石模量在 200 ~ 600MPa,对路面结构 B 进行分析,各指标计算结果如表 5-13、图 5-13 所示。

各设计指标随级配碎石模量变化表 表 5-13

级配碎石模量(MPa)	设计指标				
	l(0.01mm)	σ_t(MPa)	ε_t(10^{-6})	ε_c(10^{-6})	τ(MPa)
200	46.05	0.2406	309.97	276.86	0.4096
300	39.85	0.1839	256.51	262.16	0.3438
400	36.24	0.1471	222.48	248.32	0.3024
500	33.82	0.1211	198.55	236.17	0.2735
600	30.91	0.1043	184.81	221.9	0.2599

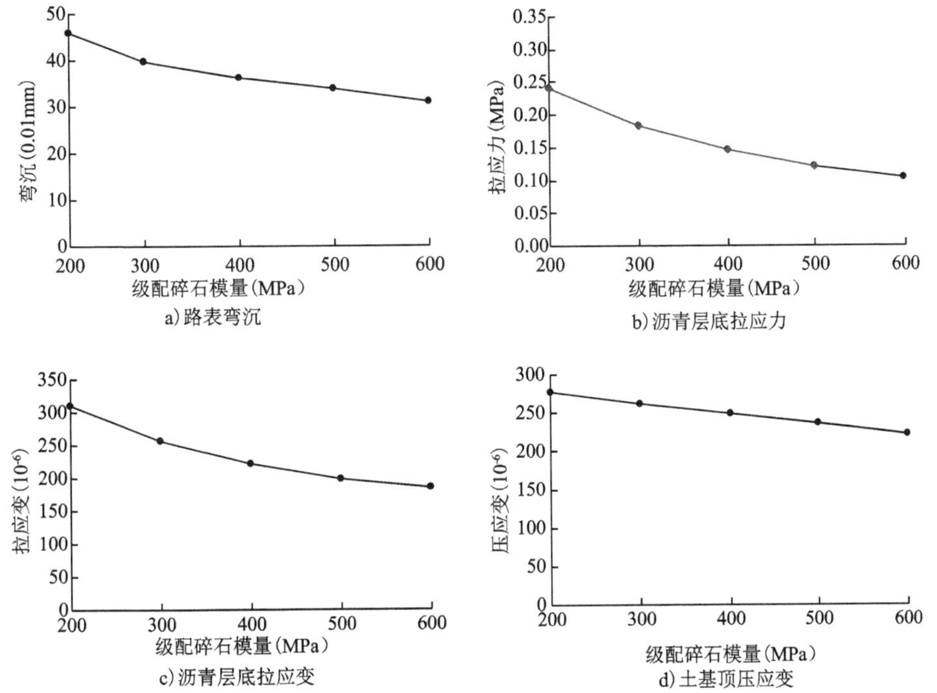

图 5-13

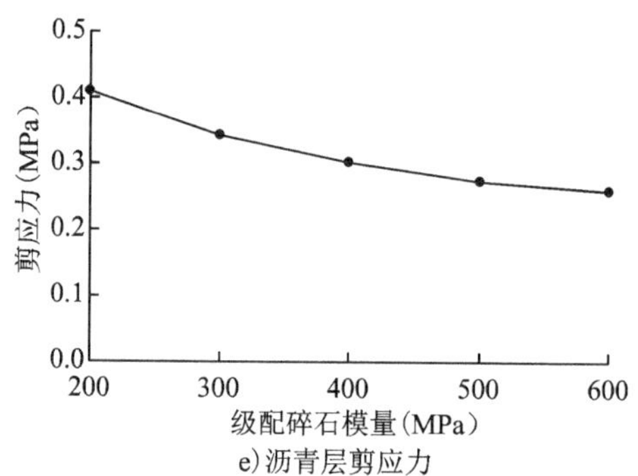

e)沥青层剪应力

图 5-13 各设计指标随级配碎石模量变化图

从表 5-13 和图 5-13 可以得出：

级配碎石模量对整个路面结构的应力影响较大，所计算的 5 个指标均随级配碎石模量的增加而明显减小。

按照轻交通情况下考虑，级配碎石层模量应超过 300MPa，按照中等交通量考虑，级配碎石层模量应超过 400MPa。

5.3.2 面层合理厚度分析

通过分析级配碎石基层全柔性沥青路面结构中，面层厚度变化对路面结构设计指标的影响，确定路面结构 B 面层的合理设置厚度。路面结构模型和计算参数如图 5-14 所示。

面层：中粒式沥青混凝土E=1200	（h=5、10、15、20cm）
上基层：级配碎石E=400MPa	（h=30cm）
垫层：天然砂粒E=200MPa	（h=20cm）
旧路E=108MPa	

图 5-14 路面结构模型和计算参数

面层模量取 1200MPa，面层厚度取 5 ～ 20cm，对路面结构 B 进行分析，各设计指标计算结果如表 5-14、图 5-15 所示。

各设计指标随面层厚度变化 表 5-14

设计指标	面层厚度(cm)			
	5	10	15	20
l(0.01mm)	38.86	32.75	29.67	26.81
σ_t(MPa)	0.2074	0.1426	0.1245	0.1085
ε_t(10^{-6})	269.99	168.41	135.01	126.78
ε_c(10^{-6})	271.13	217.19	182.77	151.39

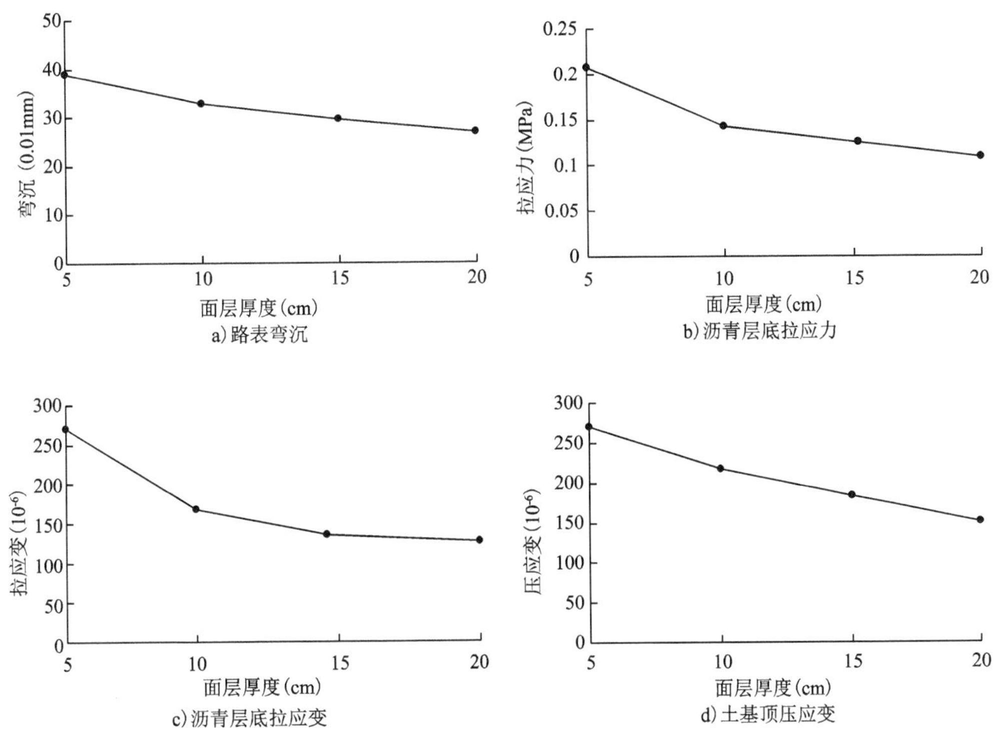

图 5-15 各设计指标随面层厚度变化图

从表 5-14 和图 5-15 可以得出：增加面层厚度，所有设计指标均明显减小。

利用上述计算结果，得到以弯沉为控制指标时，不同面层厚度下累计当量轴次计算结果，如表 5-15 所示。

累计当量轴次计算（面层厚度 5 ～ 10cm） 表 5-15

面层厚度（cm）	5	10	15	20
累计当量轴次（万次）	141	332	545	904

综合以上分析，推荐在轻交通情况下，面层厚度应在 5 ～ 10cm；中等交通量下，面层厚度应在 10 ～ 15cm。

5.4 3 种路面结构对比分析

为了对比 3 种沥青路面结构力学响应特点，设定沥青面层为 7cm，级配碎石基层模量 400MPa，半刚性基层模量 1500MPa，基层厚度为 30cm。分别计算对 3 种结构在标准轴载下的主要设计指标。计算结果汇总于表 5-16。

3 种结构形式对比（基层 30cm）　　表 5-16

路面结构形式	设计指标		
	l(0.01mm)	σ_t(MPa)	ε_c(10^{-6})
A 结构（级配碎石上基层）	29.98	0.1376	196.36
B 结构（级配碎石柔性基层）	36.24	0.1471	248.32
C 结构（半刚性基层）	25.04	-0.1122	168.67

在面层、基层厚度相同的情况下，由表 5-16 和图 5-16 可知：

（1）路表弯沉量由大到小的顺序为 B 结构、A 结构、C 结构，即级配碎石基层全柔性沥青路面结构弯沉最大，级配碎石上基层结构位于中间，半刚性基层沥青路面弯沉最小。

（2）土基顶压应变由大到小的顺序为 B 结构、A 结构、C 结构，即半刚性基层沥青路面土基压应变最小。

（3）对于半刚性基层沥青路面结构，沥青面层基本处于受压状态，而级配碎石上基层沥青路面的面层层底处于受拉状态。这就要求级配碎石层的应用，必须满足面层层底的拉应力或拉应变小于该材料的允许拉应力和允许拉应变。

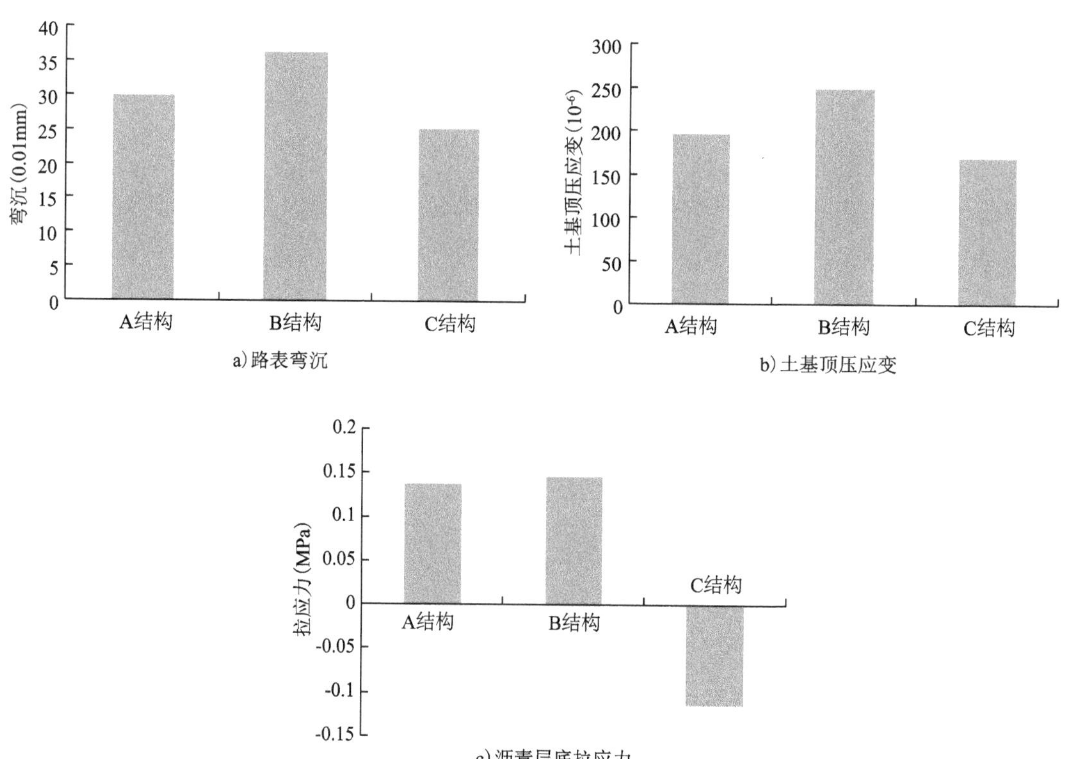

图 5-16　3 种结构计算指标对比

5.5 级配碎石基层典型路面结构推荐

根据目前国内外级配碎石基层实际应用现状，结合本章对级配碎石基层路面结构的理论分析，以及本研究中所铺设试验路的应用情况，推荐适应于中、轻交通下的级配碎石基层沥青路面结构，分别如图 5-17、图 5-18 所示。

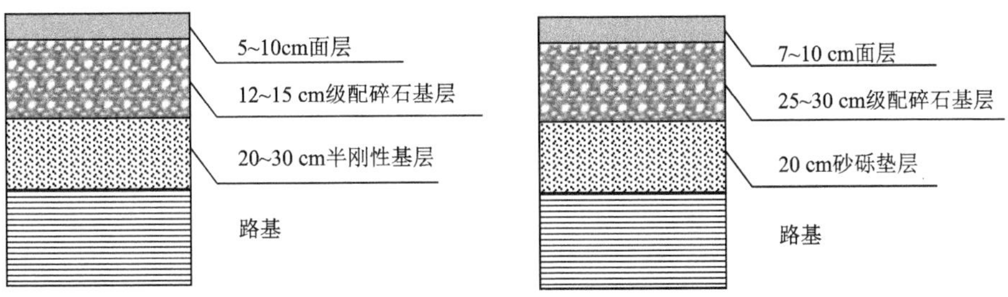

a）级配碎石上基层沥青路面结构　　b）级配碎石柔性基层沥青路面结构

图 5-17　适应轻交通下的级配碎石基层沥青路面结构

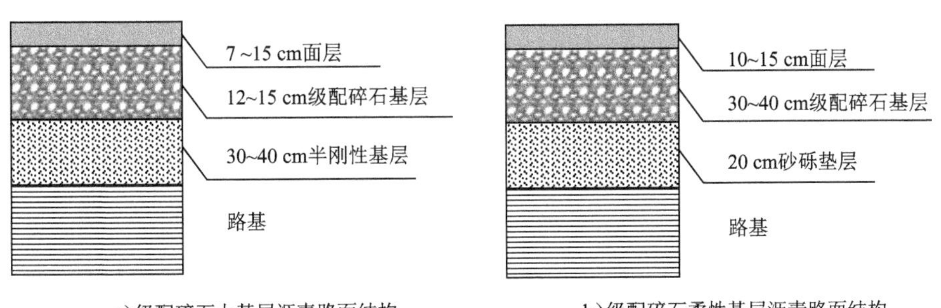

a）级配碎石上基层沥青路面结构　　b）级配碎石柔性基层沥青路面结构

图 5-18　适应中等交通下的级配碎石基层沥青路面结构

5.6 本章小结

根据本章对级配碎石上基层沥青路面结构和级配碎石基层全柔性沥青路面结构力学响应分析，主要得到如下结论：

1）级配碎石上基层沥青路面结构

（1）级配碎石层厚度的改变，对改善路面结构受力的合理性作用不大，作为功能层不能太薄；若设置太厚，又给施工造成难度。根据本章研究结果，推荐级配碎石厚度以 12 ～ 15cm 为宜。

（2）提高级配碎石层模量，对改善路面结构受力的合理性作用显著。应加强混合料的配合比，严格施工质量，使模量高于 350MPa。

(3)增加沥青层厚度可以有效降低面层底部拉应力和拉应变;经济条件允许下,可以适当增加沥青面层的厚度来改善结构受力的状况。推荐在轻交通情况下,面层厚度在5～10cm;在中等交通量下,面层厚度应为7～15cm。

(4)半刚性基层厚度的增加对降低路表弯沉作用明显,对改善面层底部应力状态作用不大。推荐在轻交通情况下,半刚性基层厚度为20～30cm;中等交通量下,厚度为30～40cm。

2)级配碎石基层全柔性沥青路面结构

(1)级配碎石厚度增加对降低路表弯沉作用较为明显。因此,对于其在全柔性沥青路面结构中厚度的数值,推荐在轻交通情况下,取为25～30cm;在中等交通量下,取为30～40cm。

(2)提高级配碎石模量对改善路面结构受力的合理性显著。为此,推荐轻交通情况下,级配碎石层模量应超过350MPa;中等交通量下,级配碎石层模量应超过400MPa。

(3)增加面层厚度可以显著改善路面结构受力的合理性。为此,推荐在轻交通情况下,面层厚度在7～10cm;中等交通量下,面层厚度在10～15cm。

第6章 级配碎石基层试验路实施和路用性能观测

为了验证级配碎石基层沥青路面结构使用效果，本书依托实际工程，铺筑了 3 条级配碎石基层试验路，分别为抚顺前三线试验路、鞍山桓盖线试验路、铁岭铁长线试验路，并对抚顺前三线试验路、鞍山桓盖线试验路进行了现场施工检测。

6.1 级配碎石基层试验路实施方案设计

（1）抚顺前三线改建工程

本次前三线改建项目一般路段路面结构，采用 5cm 中粒式胶粉改性沥青混凝土面层 +30cm 水泥稳定砂砾基层（厂拌法、水泥剂量 5%）+25cm 天然砂砾垫层。该结构属于辽宁省多年来普通公路广泛应用的传统半刚性基层沥青路面结构。为了检验级配碎石基层在不同路面结构中的实际使用效果，此次，对前三线试验路路面结构设置为两种形式：一是将级配碎石材料作为沥青路面的上基层，下基层为水泥稳定砂砾（即倒装式结构）；二是采用双层级配碎石基层结构（全柔性结构）。土基为原有旧路路面结构。根据级配碎石基层厚度、面层厚度、级配碎石结构类型的不同，共拟定 5 种路面结构方案，实施里程桩号分别为 K6+200—K6+800、K6+800—K7+300、K7+300—K7+900、K7+900—K8+050、K8+050—K8+200，试验路路面结构平面布置如图 6-1 所示。

前三线级配碎石基层沥青路面试验路如图 6-2 所示。

（2）鞍山桓盖线试验路

桓盖线为辽宁省东部山区连通本溪、盖州的一条省级公路。本次改建起点为大营子，终点为红旗，设计里程桩号为 K274+675—K291+000，全长 16.325km。试验路段设置在桩号

K276+000—K277+000 处，总计 1km。鞍山试验路均采用骨架密实型级配碎石上基层路面结构。原旧路路面结构为 2.5+4cm 沥青上拌下贯面层 +20cm 水泥稳定砂砾基层（路拌法）+20cm 天然砂砾垫层。采用山岭重丘区二级公路标准，设计速度 40km/h。路基宽 9.5m，路面宽 8.5m，全线实施 GBM 工程，即全线实施公路（G）标准化（B）、美化（M）工程试验路路面结构平面布置如图 6-3 所示。

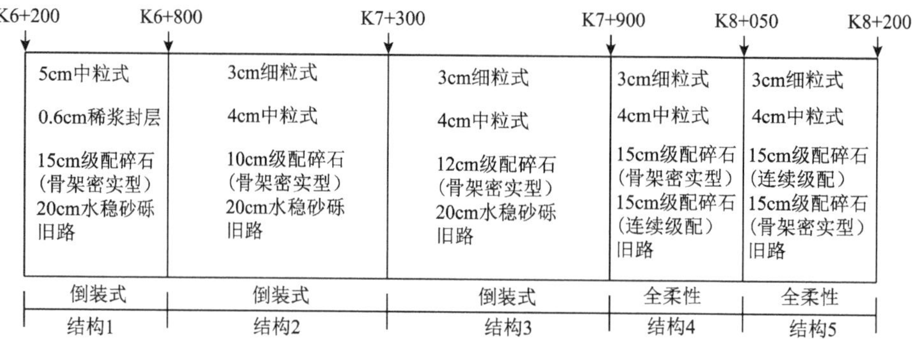

图 6-1　前三线试验路路面结构平面布置图

a）

b）

图 6-2　前三线级配碎石基层沥青路面试验路照片

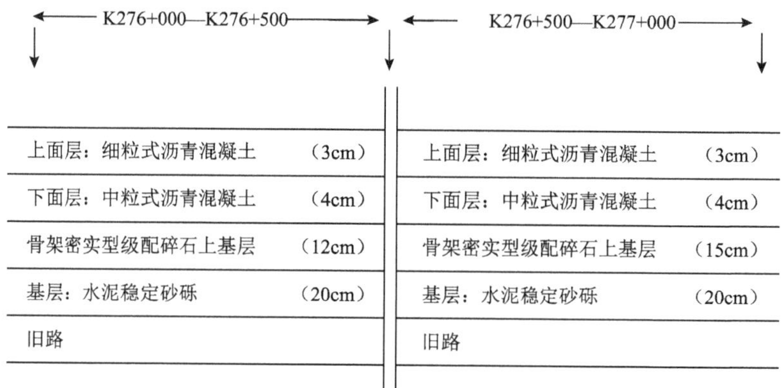

图 6-3　鞍山桓盖线试验路路面结构平面布置图

一般路段路面结构为面层厚度 3cm 细粒式改性沥青混凝土及厚度 4cm 中粒式沥青混凝土。基层加宽部分为厚度 20cm 天然砂砾，厚度 35cm 水泥稳定砂砾。补强段采用厚度

20cm 水泥稳定砂砾。

（3）铁岭铁长线试验路

本试验路段位于铁岭县境内铁长线，设计里程桩号为 K28+000—K30+000，全长为 2km，试验路公路等级为三级公路，路面宽度 8m，K28+000—K29+400 为级配碎石上基层沥青路面结构，K29+400—K30+000 为全柔式路面结构，路面结构平面布置如图 6-4 所示。

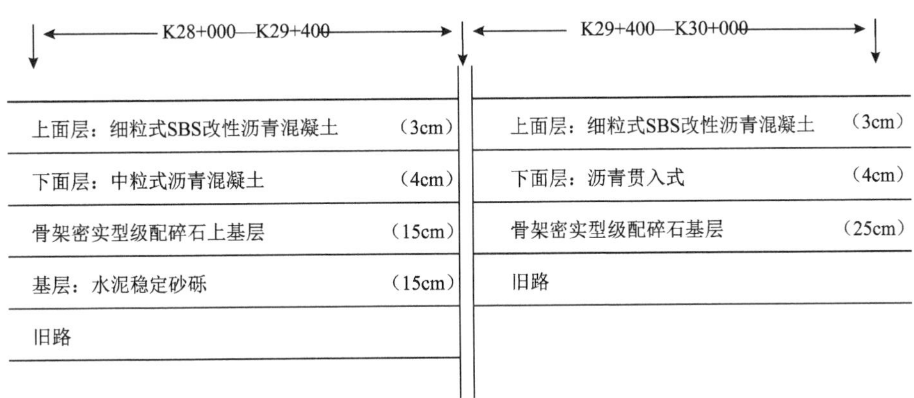

图 6-4 铁岭铁长线级配碎石试验路路面结构平面布置图

6.2 试验路施工质量检测

6.2.1 试验路现场检测方法

本项目现场级配碎石上基层检测的主要指标有压实度、CBR、回弹模量和弯沉值，测定方法和主要检测设备见表 6-1。

现场指标测定方法及主要检测设备汇总表 表 6-1

检测指标	检测方法	主要检测设备
压实度	灌沙法	灌砂筒、金属标定罐、基板、玻璃板、试样盘、天平、含水率测定器具、量砂、盛砂的容器及挖掘工具
CBR	现场 CBR 贯入试验	加载车、压力环、百分表、支架、液压千斤顶、贯入杆、底座
回弹模量	承载板法	加载车、测力计、百分表、支架、液压千斤顶、刚性承载板、水平尺
弯沉值	贝克曼梁法	弯沉标准车、表架、百分表、贝克曼梁

6.2.2 抚顺前三线试验路现场检测

抚顺前三线试验路段（K6+200—K8+200）基层检测，其中 K7+900—K8+200 分为上基层和下基层两层，由于试验数据过多，报告中作图对检测结果进行说明，详细数据见附表 3。

（1）压实度检测

每个断面取一个测点，用灌沙法测定基层的压实度，其结果见图 6-5、图 6-6，根据试验测得结果，压实度均在 98% 以上，符合设计要求。

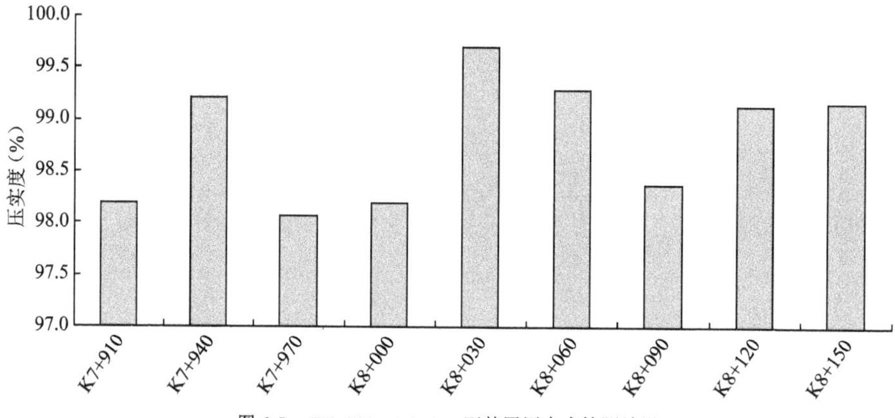

图 6-5　K7+900—K8+200 下基层压实度检测结果

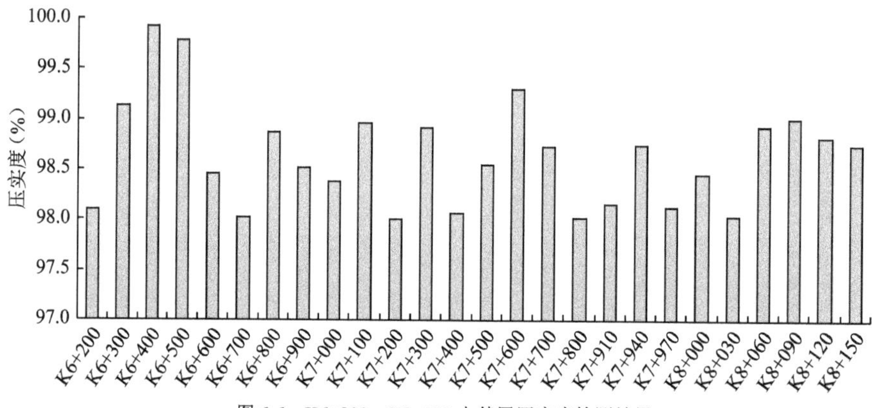

图 6-6　K6+200—K8+200 上基层压实度检测结果

（2）现场 CBR 检测

现场 CBR 设备检测结果见图 6-7 ～图 6-10。

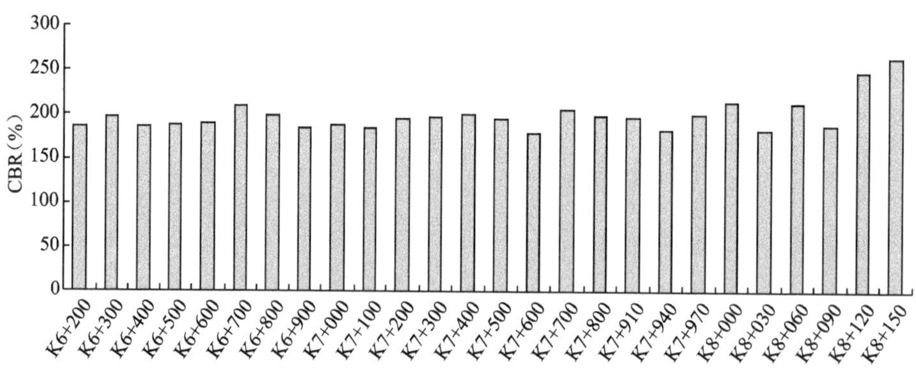

图 6-7　K6+200—K8+200 上基层（左侧）CBR 检测结果图

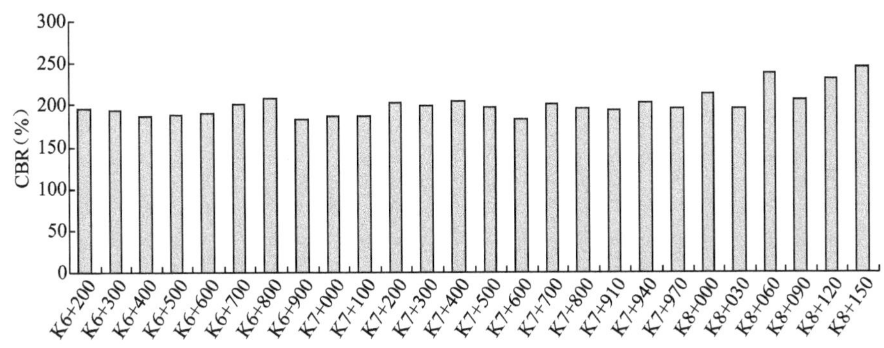

图 6-8　K6+200—K8+200 上基层（右侧）CBR 检测结果图

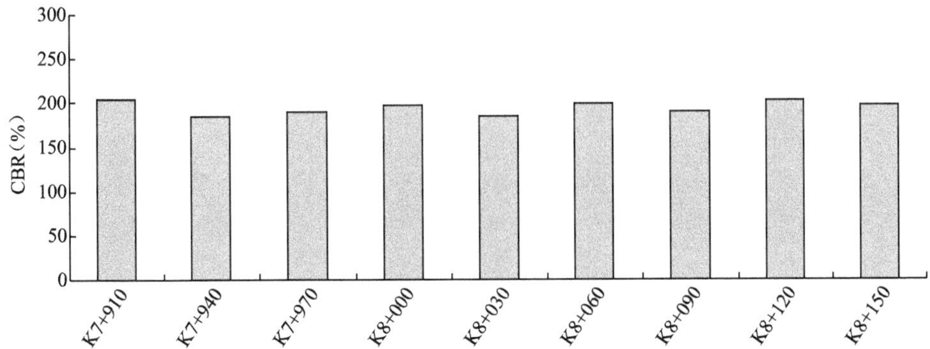

图 6-9　K7+900—K8+200 下基层（左侧）现场 CBR 值检测结果图

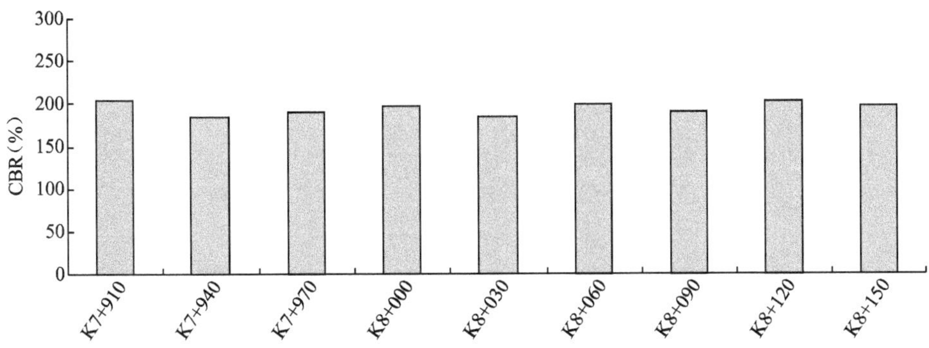

图 6-10　K7+900—K8+200 下基层（右侧）现场 CBR 值检测结果图

据试验检测结果，除 K7+600 左侧 CBR 值 178.59 小于 180 以外，其余 CBR 值均大于 180，且试验路结构中 K6+200—K7+900 为级配碎石上基层路面结构，采用骨架密实型级配碎石，K7+900—K8+200 为全柔式路面结构。由于倒装式结构中下卧层为半刚性基层，强度较高，级配碎石所受三向应力较大，有利于其非线性特征发挥，CBR 值大于全柔性路面结构。

（3）回弹模量检测结果和分析

使用承载板法检测试验路段的回弹模量值，检测结果如图 6-11 ～图 6-14 所示。

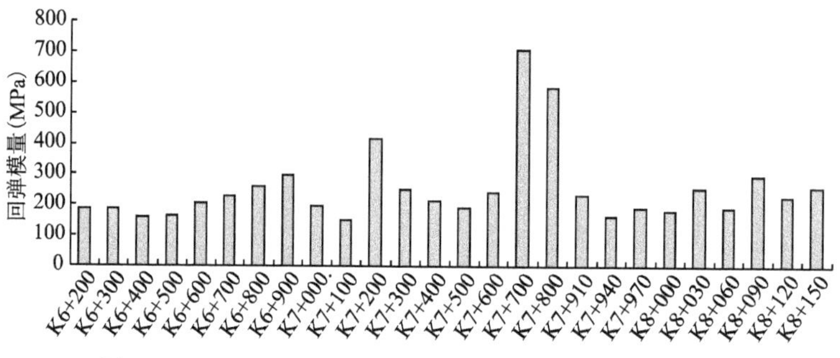

图 6-11 K7+200—K8+200 上基层(左侧)现场回弹模量值检测结果图

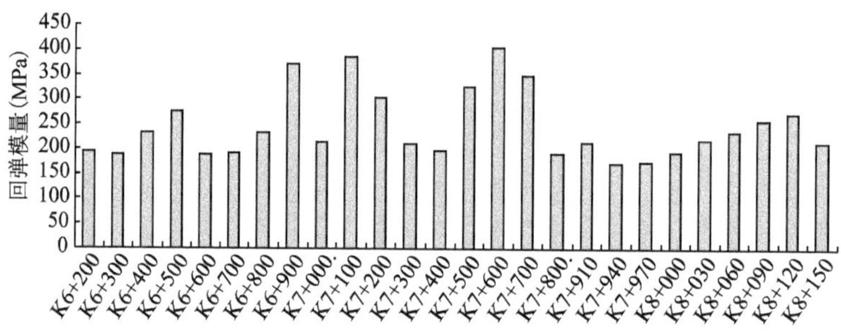

图 6-12 K7+900—K8+200 下基层(右侧)现场回弹模量值检测结果图

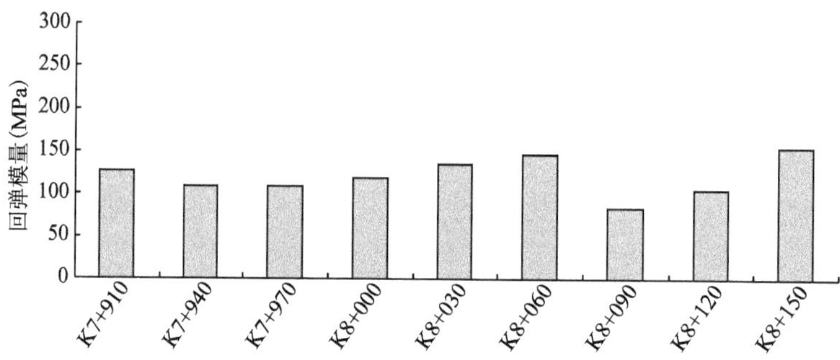

图 6-13 K7+900—K8+200 下基层(左侧)现场回弹模量值检测结果图

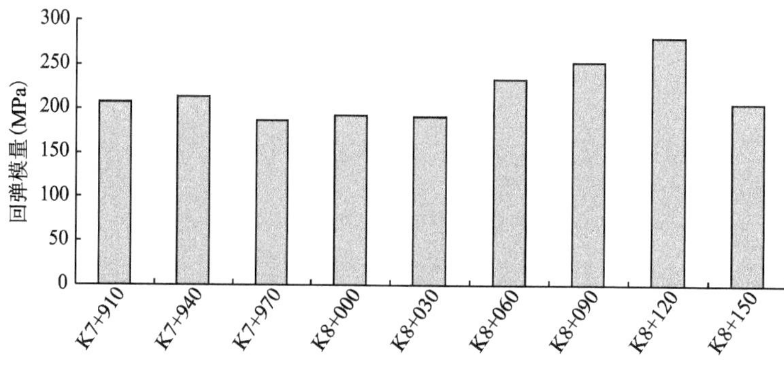

图 6-14 K7+900—K8+200 下基层(右侧)现场回弹模量值检测结果图

根据实际检测结果,除 K8+090 下基层回弹模量值小于 100MPa 外,试验路段的基层回弹模量均在 100MPa 以上。

（4）弯沉检测结果和分析

使用 5.4m 贝克曼梁测定试验路路段上基层弯沉值，其结果如图 6-15 ～图 6-18 所示。

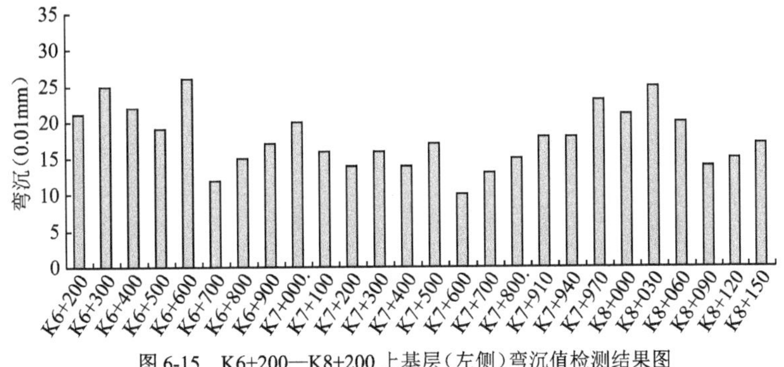

图 6-15　K6+200—K8+200 上基层（左侧）弯沉值检测结果图

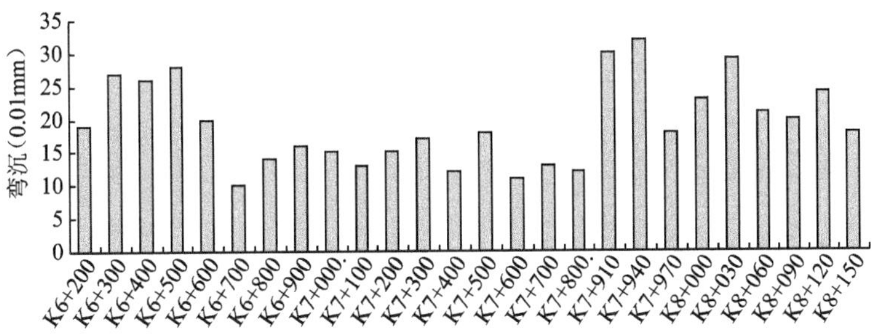

图 6-16　K6+200—K8+200 上基层（右侧）弯沉值检测结果图

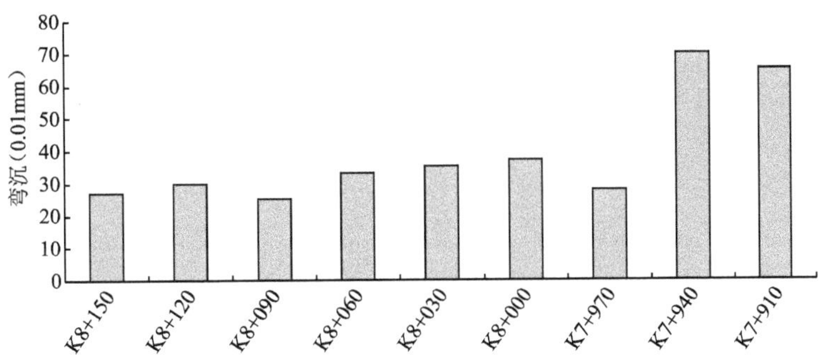

图 6-17　K7+900—K8+200 下基层（左侧）弯沉值检测结果图

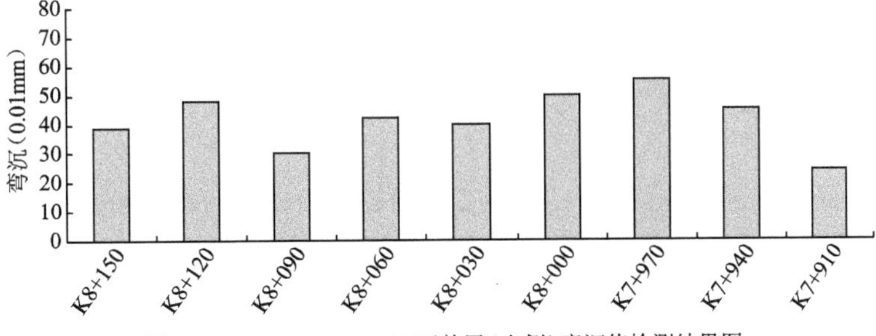

图 6-18　K7+900—K8+200 下基层（右侧）弯沉值检测结果图

6.2.3 鞍山桓盖线试验路现场检测

鞍山桓盖线试验路段（K276+000—K277+000）基层检测数据见附表 4。

（1）压实度检测

用灌沙法测定基层的压实度，其结果见图 6-19。

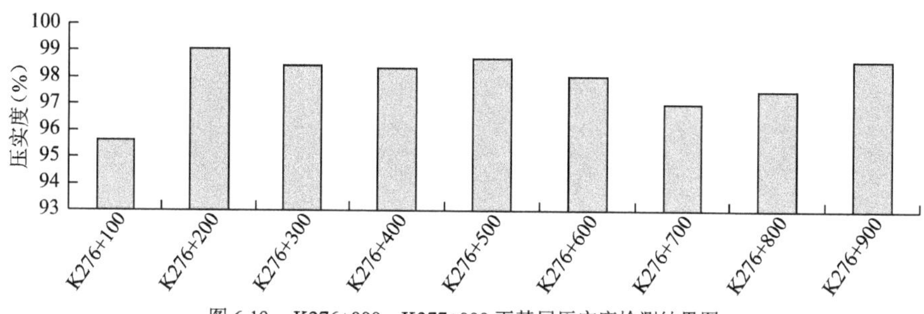

图 6-19 K276+000—K277+000 下基层压实度检测结果图

根据试验测得结果，除 K276+100、K276+700、K276+800 三测点压实度略低外，其余各测点的压实度均大于 98%，满足设计要求。

（2）现场 CBR 检测

由现场 CBR 设备检测的结果见图 6-20、图 6-21。

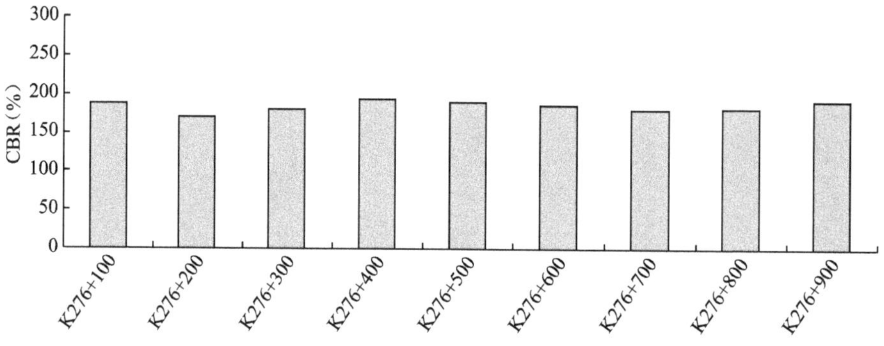

图 6-20 鞍山桓盖线试验路现场 CBR（左侧）检测结果图

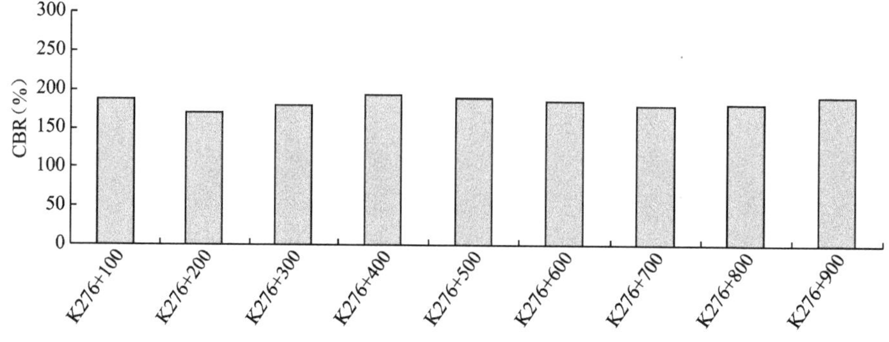

图 6-21 鞍山桓盖线试验路现场 CBR（右侧）检测结果图

根据试验检测结果，除了个别点的值略低外（大于169），其余各测点的CBR值均大于180。

（3）回弹模量检测结果和分析

使用承载板测量试验路段的回弹模量值，其检测结果见图6-22、图6-23。

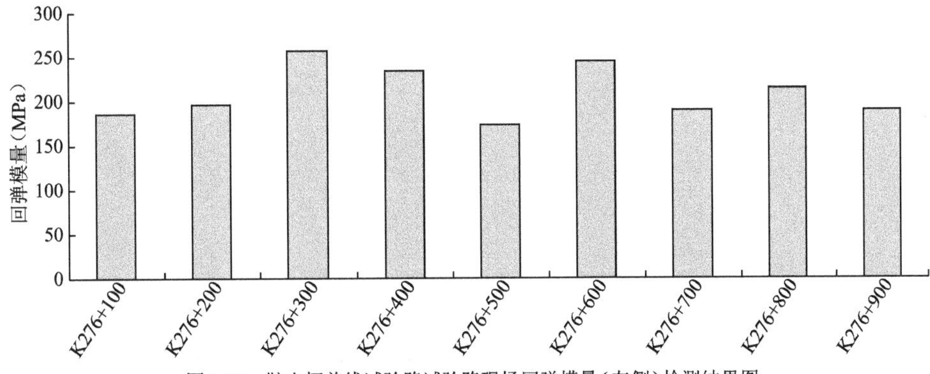

图6-22　鞍山桓盖线试验路试验路现场回弹模量（左侧）检测结果图

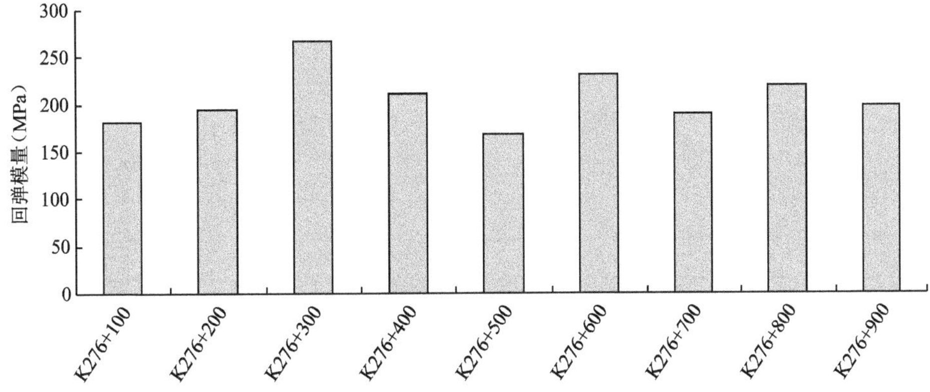

图6-23　鞍山桓盖线试验路试验路现场回弹模量（右侧）检测结果图

（4）路基弯沉检测结果

使用5.4m贝克曼梁测定试验路基层弯沉值，其结果见图6-24、图6-25。

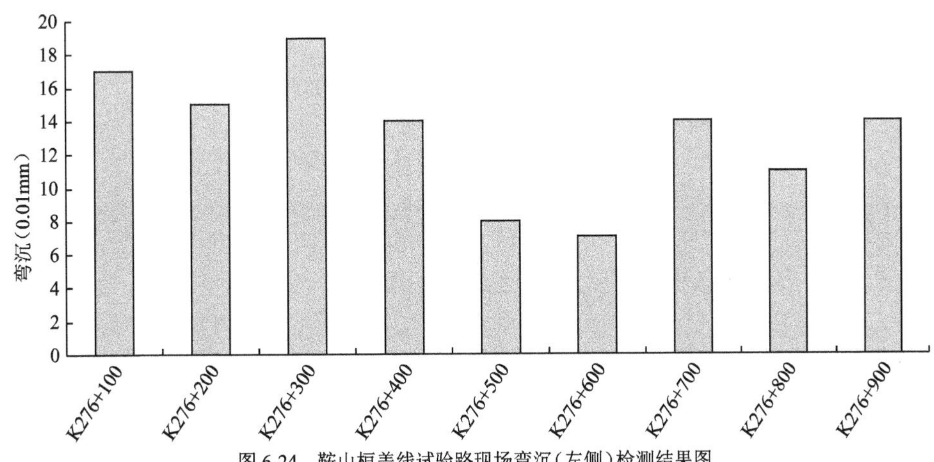

图6-24　鞍山桓盖线试验路现场弯沉（左侧）检测结果图

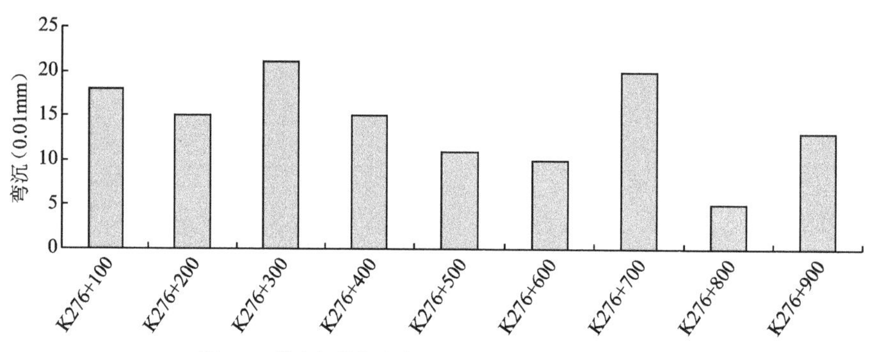

图 6-25 鞍山桓盖线试验路现场弯沉(右侧)检测结果图

(5)平整度检测结果与分析

使用 3m 直尺对桓盖线试验路进行检测,检测结果见表 6-2、表 6-3。

鞍山桓盖线试验路(右侧)平整度(mm)检测结果 表 6-2

K6+400	1.5	1.2	2.4	2.2	1.0	1.8	0.8	1.4	1.8	2.0
K6+600	1.4	1.0	1.0	0.8	0.8	0.8	0.6	0.6	1.0	1.2
K6+900	0.2	0.1	0.2	0.1	0.1	0.1	0.2	0.2	0.3	0.1
K7+100	1.0	0.4	0.3	0.5	1.0	0.8	1.2	1.4	1.0	0.8
K7+500	1.5	1.4	0.6	1.0	1.0	0.6	0.6	0.8	1.0	1.2
K7+700	0.6	0.2	0.3	1.0	1.2	0.5	0.2	0.2	0.3	0.2
K8+000	0.6	0.3	0.4	0.2	0.4	0.3	0.6	1.0	1.6	1.0
K8+100	0.2	0.1	1.0	0.2	0.1	0.3	0.8	0.8	0.6	0.2

鞍山桓盖线试验路(左侧)平整度(mm)检测结果 表 6-3

K6+400	1.0	1.2	1.0	0.8	1.0	1.0	1.0	1.4	1.6	0.8
K6+600	0.8	0.8	1.0	1.0	0.8	1.0	1.3	1.5	1.0	1.2
K6+900	1.0	1.0	0.6	0.2	0.2	0.4	0.2	0.2	0.4	0.3
K7+100	1.2	0.6	0.6	0.2	0.4	0.2	0.4	0.4	0.2	0.2
K7+500	0.8	0.4	0.4	0.6	0.4	0.5	0.6	0.2	0.4	0.3
K7+700	1.4	1.3	1.8	2.5	0.8	1.0	0.2	1.0	0.8	0.4
K8+000	0.4	0.2	0.1	0.2	0.2	0.2	0.2	0.4	0.2	0.2
K8+100	0.6	0.7	0.6	0.2	0.3	0.7	0.4	0.2	0.5	0.8

根据规范要求,小于 5mm 既为合格,因此,以上检测结果均符合规范要求。

6.3 试验路路面路用性能后期观测

一般来说,道路一经投入使用,其路面使用性能就会在行车荷载和各种环境因素作用下不断衰减,决定路面使用性能变化的主要因素可以概括为以下两个方面:一是路面结构和材料自身的属性，二是交通荷载和各种环境因素的作用程度。因此，对试验路进行交通调查是十分必要的。

《公路沥青路面设计规范》(JTG D50—2017)规定，不同轴载的作用次数换算成标准轴载的当量作用次数后，计算累计当量轴次。设计时，按式(6-1)计算设计年限内一个车道上的累计当量轴次。

$$N_e = \frac{\left[(1+\gamma)^t - 1\right] \times 365}{\gamma} N_1 \eta \tag{6-1}$$

式中：N_e——设计年限内一个车道上的累计当量轴次(次)；

N_1——路面竣工后第一年日平均当量轴次(次/d)；

γ——设计年限内交通量的平均年增长率(%)；

η——车道系数，按规范建议取；

t——设计年限。

通过对3条试验路交通量调查，推算得到各试验路在设计年限内的累计当量轴次，交通量调查结果如表6-4所示。

试验路交通量调查结果汇总　　表6-4

试　验　路	BZZ-100kN 累计标准轴次 N_e(10^4次/车道)	交通荷载等级
抚顺前三线	450	中等交通
鞍山桓盖线	609	中等交通
铁岭铁长线	714	中等交通

6.3.1　试验路路面路用性能后期观测内容

本书中铺筑级配碎石基层试验路的主要目的，是考察级配碎石作为半刚性基层沥青路面上基层，或者作为沥青路面柔性基层的路用性能表现效果。具体来说，对于级配碎石作为上基层主要考察对反射裂缝的抑制效果，同时也考察级配碎石上基层的设置所引发的次生问题，如级配碎石层永久变形造成的车辙问题，面层层底拉应力和剪应力增大造成的路面面层损坏问题。对于级配碎石作为柔性基层，主要考察的内容与级配碎石作为上基层的内容基本一致。此外，还应特别关注在柔性基层沥青路面中的弯沉控制标准。

鉴于以上分析，本项目试验路路用性能后期观测的内容主要有路表弯沉、裂缝调查、平整度。

6.3.2 观测结果和分析

1)抚顺前三线

(1)弯沉检测

本课题组于2018年7月,对抚顺前三线试验路的弯沉进行了检测,在5种路面结构方案路段上每20m一点,采用落锤式弯沉仪(FWD)对试验路路面进行检测,检测结果如表6-5所示,具体数据见附表5。

弯沉结果检测数据汇总　表6-5

路面结构	平均值(0.01mm)	标准差(0.01mm)	变异系数(%)
1	22.19	8.56	38.57
2	24.45	5.53	22.57
3	21.65	3.55	16.38
4	24.63	2.58	10.46
5	31.17	5.9	18.94

路面结构1、路面结构2、路面结构3为级配碎石上基层沥青路面结构,路面结构4、路面结构5为双级配碎石层全柔式沥青路面结构。由表6-5中数据可以看出,竣工近两年的时间内级配碎石基层路面结构的弯沉小于全柔式沥青路面结构,级配碎石上基层路面结构,下卧层为半刚性基层,强度较大,路面结构整体强度较高,弯沉较小。全柔性结构也没有出现因为级配碎石模量小而弯沉过大的现象。由此可见,采用级配碎石基层沥青路面,在实际使用中,不会由于自身模量低而导致弯沉过大。

(2)裂缝检测

为了掌握路面裂缝随时间发展变化情况,对抚顺前三线试验路进行了3次后期观测,主要检测5种路面结构的裂缝发生位置、数量、长度,宽度变化情况。同时,也对与试验路相邻的半刚性基层沥青路面的裂缝情况(观测长度1km)进行检测,用以对比分析。检测数据详见附表6～附表8,路面破损率DR观测结果见表6-6和图6-26。

路面破损率计算结果　表6-6

时　间	起点半刚性基层	路面结构1	路面结构2	路面结构3	路面结构4	路面结构5	终点半刚性基层
2018.4	0.898	0.313	0.505	0.447	0.000	0.000	0.907
2018.9	0.980	0.296	0.445	0.425	0.000	0.000	0.894
2019.4	1.180	0.325	0.615	0.596	0.067	0.000	1.825

由图6-26可见,采用级配碎石上基层的沥青路面(结构1、结构2、结构3),以及采用级配碎石柔性基层沥青路面(结构4、结构5)的裂缝率,明显低于试验路起点和终点的半刚性基层沥青路面的路面破损率。特别是采用级配碎石柔性基层沥青路面,在第一次不利季节

过后没有产生裂缝，说明级配碎石防治反射裂缝的能力显著。

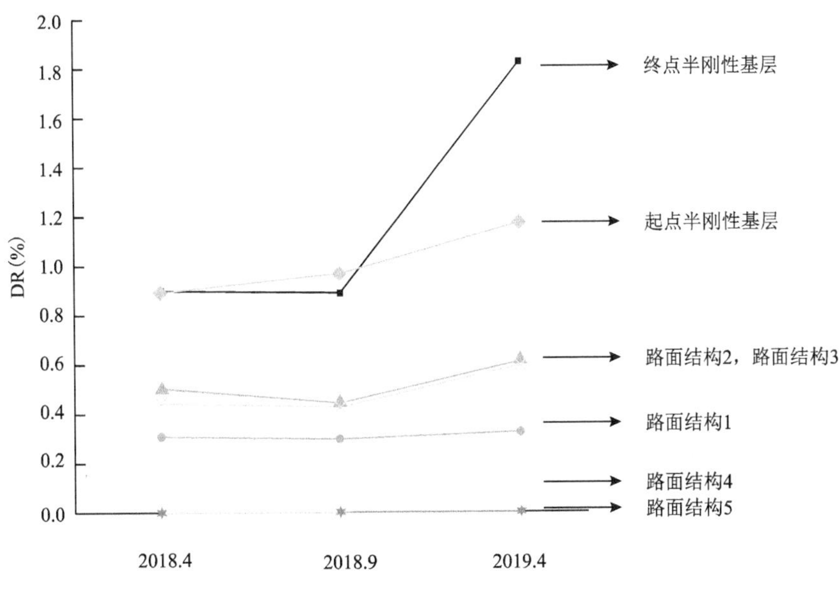

图 6-26　抚顺前三线级配碎石基层试验路裂缝率变化

另外，路面结构 2、结构 3 的碎石层厚度分别为 10cm、12cm，路面结构 1 碎石厚度为 15cm，结构 4、结构 5 碎石厚度均为 30cm。从防止反射裂缝的效果上看，随着级配碎石厚度的增加，路面的裂缝率明显降低，这与第 4 章中级配碎石厚度增加能够减小路面结构中应力强度因子，进而减少路面反射裂缝的结论是一致的。

抚顺前三线试验路反射裂缝如图 6-27 所示。

a）　b）

c）　d）

图 6-27　抚顺前三线试验路反射裂缝

级配碎石基层具有防止反射裂缝的作用，已经被本项目和国内外的其他研究成果所共同证实。级配碎石层的设置不能彻底根除反射裂缝的发生，它只能大幅度降低反射裂缝发生的概率，加大路面反射裂缝的间距。

（3）平整度检测

采用 3m 直尺法检测 5 种路面结构的平整度情况，同时，也对与试验路相邻的半刚性基层沥青路面平整度进行检测，用以对比分析，检测结果见图 6-28。

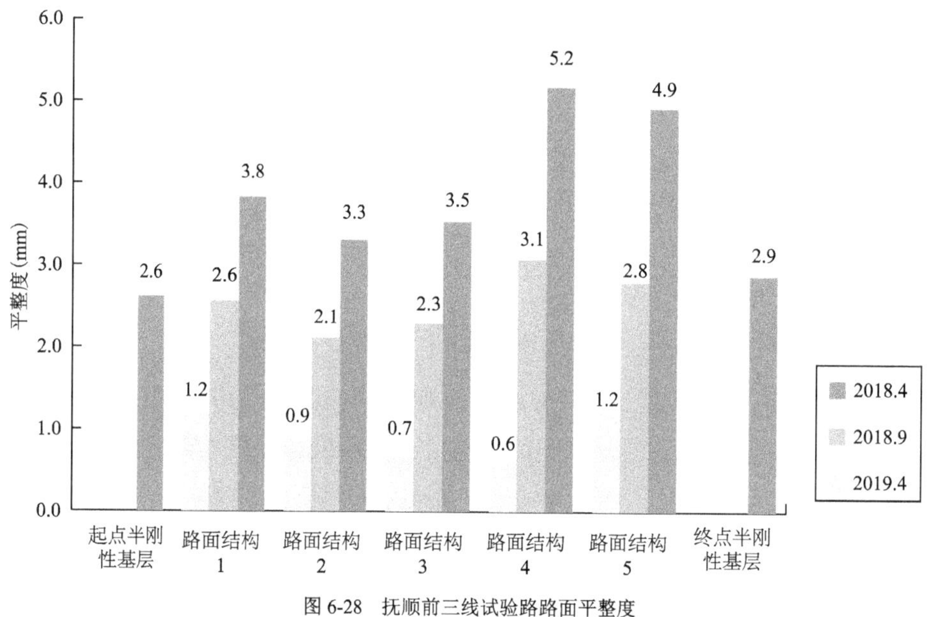

图 6-28　抚顺前三线试验路路面平整度

路面平整度大小及其变化，在一定程度上反映了级配碎石层发生永久变形的情况。由图 6-28 可知，试验路 5 种结构沥青路面的平整度随时间不断下降，且普遍低于半刚性基层沥青路面。其中，最后一次观测结构 1、结构 2 和结构 3 的平整度平均值为 3.53mm，和半刚性基层沥青路面的平整度 2.75mm 相差不大，柔性基层沥青路面（结构 4 和结构 5）平整度最差，说明厚基层级配碎石产生的永久变形明显大于半刚性基层沥青路面。平整度检测数据详见附表 6。

通过调查和计算，得到抚顺前三线的累计当量轴次在 450 万次以上，抚顺前三线试验路属于中等交通。经过近两年的交通荷载作用，从以上对抚顺前三线试验路路面的弯沉、裂缝率和平整度检测结果上看，试验路在观测期间内，路面技术状况良好，尤其是反射裂缝率显著降低，充分说明级配碎石上基层或基层的使用很好抑制了反射裂缝的发生。并且，现场实测平整度和半刚性基层相差很小。对于级配碎石永久变形问题，虽然现场检测试验路路面平整度不如半刚性基层沥青路面，但路面平整度绝对值较小，车辙并不明显。综上所述，级配碎石基层能够胜任中等交通荷载作用下对于各种指标的要求。

2）鞍山桓盖线

本项目对鞍山桓盖线进行了1次弯沉和裂缝检测。

（1）弯沉检测

鞍山桓盖线弯沉检测结果见图6-29、图6-30。

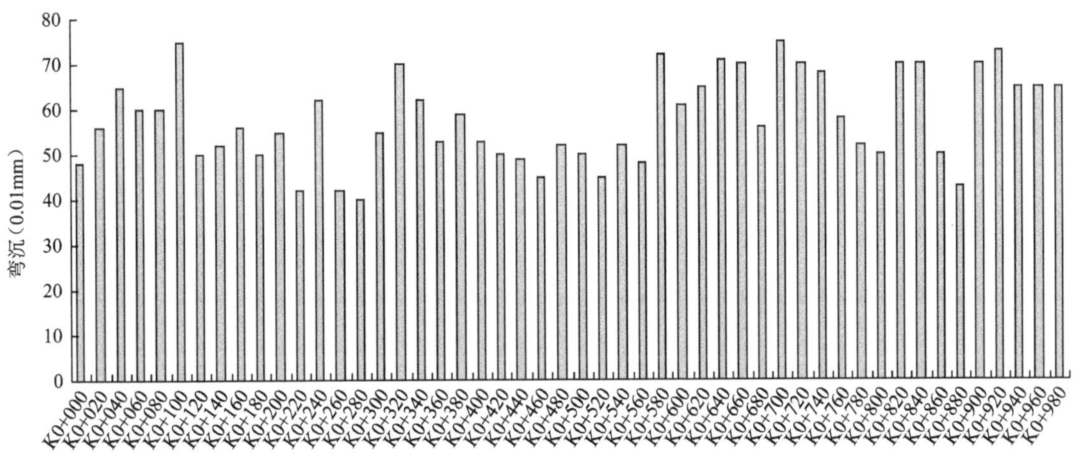

图6-29　鞍山桓盖线弯沉检测结果（左侧）

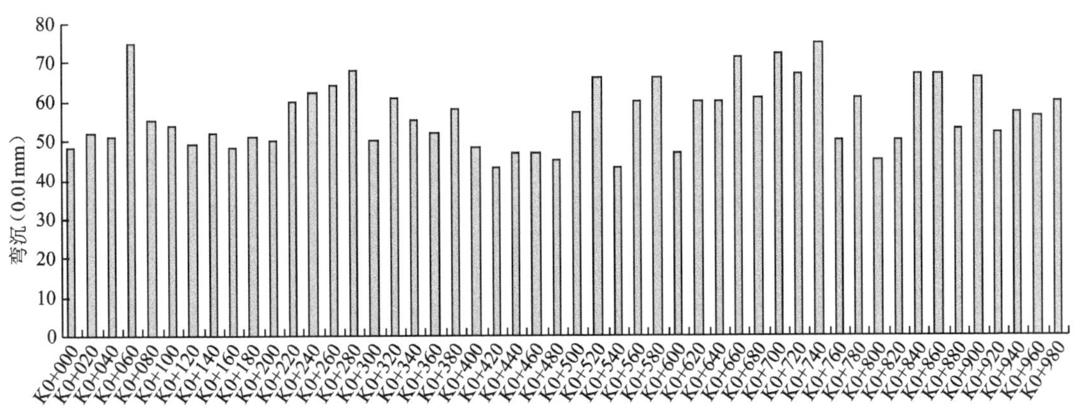

图6-30　鞍山桓盖线弯沉检测结果（右侧）

由图6-29、图6-30中可见，鞍山桓盖线试验路弯沉明显高于抚顺前三线，其原因主要是施工造成的级配碎石上基层压实度不够，模量偏低。

（2）裂缝检测

鞍山桓盖线试验路裂缝检测结果见表6-7和图6-31。

鞍山桓盖线试验路裂缝检测结果　　表6-7

序　　号	位　　置	裂缝宽度（mm）	裂缝长度	备　　注
1	K276+40	1	全幅	碎石基层厚12cm
2	K276+140	2	全幅	碎石基层厚12cm

续上表

序　　号	位　　置	裂缝宽度(mm)	裂缝长度	备　　注
3	K276+160	1	全幅	碎石基层厚 12cm
4	K276+180	1	全幅	碎石基层厚 12cm
5	K276+280	2	全幅	碎石基层厚 12cm
6	K276+310	1	5m	碎石基层厚 12cm
7	K276+370	1	全幅	碎石基层厚 12cm
8	K276+460	2	全幅	碎石基层厚 12cm
9	K276+500	1	6m	碎石基层厚 15cm
10	K276+515	1	全幅	碎石基层厚 15cm
11	K276+535	1	全幅	碎石基层厚 15cm
12	K276+565	1	6m	碎石基层厚 15cm
13	K276+605	1	4m	碎石基层厚 15cm
14	K276+635	1	5m	碎石基层厚 15cm
15	K276+675	1	3m	碎石基层厚 15cm
16	K276+735	1	4m	碎石基层厚 15cm
17	K276+755	1	全幅	碎石基层厚 15cm
18	K276+775	1	全幅	碎石基层厚 15cm
19	K276+875	1	4m	碎石基层厚 15cm
20	K276+905	1	6m	碎石基层厚 15cm
21	K276+925	1	6m	碎石基层厚 15cm
22	K276+985	1	4m	碎石基层厚 15cm

从以上数据中可见，1km 试验路段总共出现 22 条裂缝，平均 45m 一条裂缝，路面破损率和抚顺前三线基本相当，对反射裂缝的控制作用比较明显。

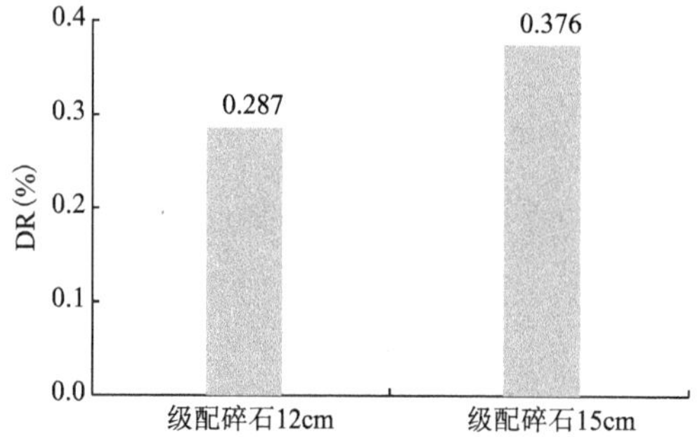

图 6-31　鞍山桓盖线路面破损率情况对比

3）铁岭铁长线

铁岭铁长线级配碎石试验路不是本项目施工检测对象，但为了更全面检验级配碎石上基层或级配碎石柔性基层沥青路面的实际使用效果，于 2019 年 5 月，即试验路投入运行的 9 个月对试验路路面的使用状况进行了检测。

(1)裂缝检测

铁岭铁长线裂缝检测结果表 6-8。

铁岭铁长线裂缝检测结果　　表 6-8

序　号	断面位置	裂缝长度(m)	裂缝宽度(mm)	裂缝形态	裂缝深度	备　注
1	K27+862	2	3～5	横向	较浅	半刚性
2	K27+908	2	1～3	横向	较浅	半刚性
3	K27+951	2	3～5	横向	较浅	半刚性
4	K27+986	2	2～4	横向	较浅	半刚性
5	K28+101	4	1～3	横向	较浅	倒装
6	K28+103	8	1～3	横向	较浅	倒装
7	K28+304	8	5～8	横向	较浅	倒装
8	K28+384	8	6～10	横向	较浅	倒装
9	K28+545	4	1～3	横向	较浅	倒装
10	K28+709	7	2～4	横向	较浅	倒装
11	K29+225	8	1～3	横向	较浅	倒装
12	K29+355	8	3～5	横向	较浅	全柔性
13	K29+546	8	1～3	横向	较浅	全柔性
14	K29+640	8	1～3	横向	较浅	全柔性
15	K29+683	8	1～3	横向	较浅	全柔性
16	K29+765	8	1～3	横向	较浅	全柔性
17	K29+903	8	2～4	横向	较浅	全柔性

由表 6-8 可知，试验路全长 2km 范围内，级配碎石上基层沥青路面结构中，每 200m 出现一条裂缝。级配碎石柔性基层沥青路面，每 100m 出现一条裂缝。试验路起点的半刚性基层沥青每 50m 出现一条裂缝。可见，级配碎石层对抑制反射裂缝的作用十分明显。

铁岭铁长线试验路路面裂缝情况见图 6-32。

a)

b)

图 6-32　铁岭铁长线试验路路面裂缝情况

(2)平整度检测

铁岭铁长线级配碎石试验路路面平整度检测结果见表6-9和图6-33。

铁岭铁长线级配碎石试验路路面平整度(mm)检测结果 表6-9

序号	断面位置	1	2	3	4	5	6	7	8	9	10	备注
1	K27+800	1.4	2	1.6	3.4	3	2.8	3.6	3	2.8	2.4	半刚性结构
2	K27+900	2	2.4	1.8	1.4	1	1.8	3	1.6	1.6	1.4	半刚性结构
3	K28+000	1.8	1.8	2.4	1.4	1	1	1	2	1.6	1.4	倒装结构
4	K28+200	2.4	2.2	2.4	2.6	2	1.8	1	1.2	2	2.2	倒装结构
5	K28+300	1.6	1.8	1.4	1.4	1.4	1.2	1	1.4	1	1.4	倒装结构
6	K28+500	2.4	2.2	2.8	2.4	1.6	1.8	1.4	1.4	1	1.4	倒装结构
7	K28+700	1.4	1.4	1	1.4	1.4	1.4	1.8	2	1.2	1.6	倒装结构
8	K28+900	2.8	2	2	1	3	2.8	2.6	1.4	1.6	1.8	倒装结构
9	K29+100	2.4	2.2	2.4	2.4	2.2	2.6	2	2.6	2.4	2.4	倒装结构
10	K29+400	2.4	2.8	2.6	2.8	2.4	2.2	1.4	1.4	1.6	1.6	全柔结构
11	K29+500	2	2	1.4	1.8	1.8	2.4	2	1.8	2.6	2.8	左侧
12	K29+500	2	2	2.4	2.4	1.8	2.8	2.4	2.8	2.6	2.8	右侧
13	K29+600	2.4	2	1.8	1.4	2.2	2	2.6	2.4	1.6	1.4	左侧
14	K29+600	2.4	2.4	1.8	1.8	1.6	2	2.4	1.4	2	2	右侧
15	K29+800	1.8	2.2	2.8	3	2.8	2.4	2.6	2.4	1.8	2	左侧
16	K29+800	2.8	3	3.4	3	2.6	2.2	2.2	2	2.8	2	右侧

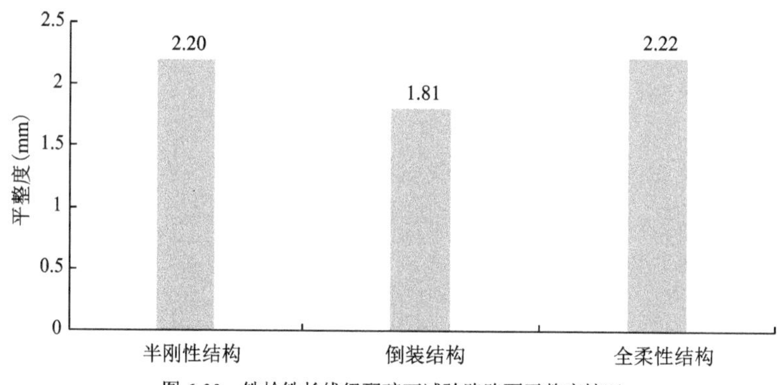

图6-33 铁岭铁长线级配碎石试验路路面平整度情况

由表6-9和图6-33可知,经过9个月交通荷载的作用,级配碎石上基层和级配碎石柔性基层结构的沥青路面和半刚性基层沥青路面平整度好,且基本一致。试验路路面没有车辙发生。

6.4 本章小结

（1）试验路路面裂缝实际调查表明：抚顺前三线试验路、鞍山桓盖线试验路和铁岭铁长线试验路两种结构（级配碎石上基层沥青路面结构和级配碎石柔性基层沥青路面结构）都具有很好抑制反射裂缝的作用。

（2）试验路平整度实际检测表明：当保证级配碎石层施工质量、压实度满足设计要求，在中等及以下交通荷载等级下，两种结构都不会因级配碎石层而出现弯沉过大、明显永久变形或者车辙现象。

第7章 级配碎石层沥青路面施工技术

从前几章的研究中可知，保证级配碎石层的施工质量是级配碎石成功应用的一个关键环节。为此，本章根据我国级配碎石应用和研究现状，结合本项目中实际铺筑的级配碎石基层试验路施工经验，对级配碎石材料的施工中所涉及的各技术环节进行研讨，其中也包括了级配碎石材料组成设计的内容。

7.1 级配碎石基层的施工原则

为保证施工质量，级配碎石的施工必须满足 3 个最基本，也是最重要的原则：

（1）保证原材料质量；

（2）保证混合料的级配为设计目标级配；

（3）保证混合料均匀摊铺和碾压密实。

这 3 个原则是保证级配碎石结构层均匀、密实，并具有良好力学特性和稳定性的关键，级配碎石施工的所有其他辅助措施都是围绕这 3 个原则进行的。

7.2 级配碎石基层材料设计

7.2.1 材料基本要求

（1）轧制碎石的材料应采用硬质岩石或圆石。圆石的粒径应是碎石最大粒径的 3 倍以上。

(2)碎石中针片状颗粒的总含量应不超过20%。碎石中不应有黏土块、植物等有害物质。

(3)级配碎石的最大粒径宜控制在31.5mm以下。

(4)根据级配碎石基层应用的公路等级不同或交通荷载等级不同,石料的压碎值应满足相应的要求。

(5)石屑可以使用一般碎石场的细筛余料,也可以利用沥青表面处治和贯入式用石料时的细筛余料,或专门轧制的细碎石集料。也可以用天然砂砾或粗砂代替石屑。天然砂砾的颗粒尺寸应该合适,必要时应筛除其中的超尺寸颗粒。

7.2.2 级配组成基本要求

(1)用于二级公路沥青路面上基层的级配碎石,应由预先筛分成几组不同粒径的碎石(如31.5～19mm、19～9.5mm、9.5～4.75mm的碎石)及4.75mm以下的石屑组配而成。

(2)用于骨架密实型和连续级配型级配碎石级配推荐范围见表7-1、图7-1和表7-2、图7-2。

骨架密实型级配碎石材料级配(规范推荐) 表7-1

上限值(%)	100	95	80	56	48	41	38	28	20	14	11	9	6
下限值(%)	100	85	66	44	37	31	28	18	12	8	5	3	0
中值(%)	100	90	73	50	42.5	36	33	23	16	11	8	6	3
筛孔(mm)	31.5	26.5	19	16	13.2	9.5	4.75	2.36	1.18	0.6	0.3	0.15	0.075

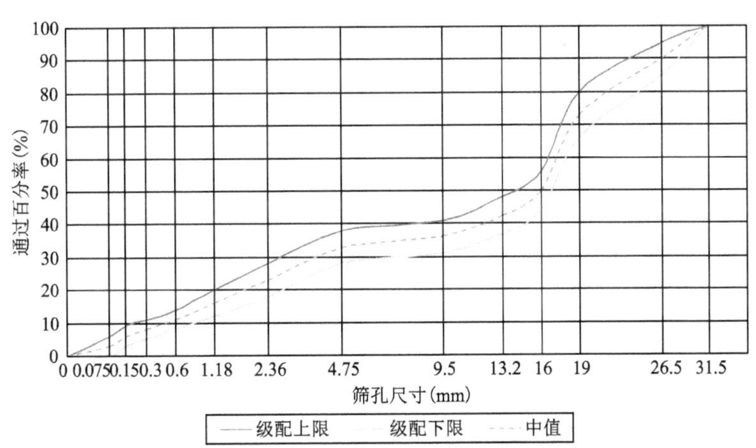

图7-1 骨架密实型级配曲线

连续级配型级配碎石材料级配(规范推荐) 表7-2

上限值(%)	100	100	95	88	82	71	55	40	32	25	20	13	7
下限值(%)	100	90	75	66	59	46	30	18	13	9	6	3	0
中值(%)	100	95	85	77	70.5	58.5	42.5	29	55.5	17	13	8	3.5
筛孔(mm)	31.5	26.5	19	16	13.2	9.5	4.75	2.36	1.18	0.6	0.3	0.15	0.075

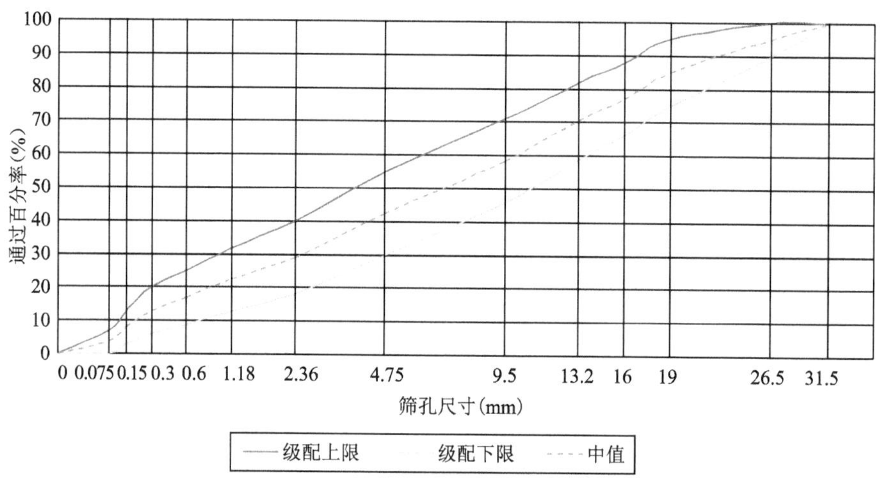

图 7-2　连续级配型级配曲线

7.3 级配碎石基层施工

7.3.1 级配碎石材料的准备

1)岩质的选择

级配碎石基层石料最好采用石灰岩,因为石灰岩粗集料具有一定的韧性,细集料具有一定的塑性,这样在级配碎石混合料施工时,其和易性和保水性都较好,易于碾压成型,不易离析。同时,石灰岩粉末类同石灰粉,与水反应后可以形成一定的强度,有利于路面结构的强度提高和长期使用。在石灰岩短缺的地区,其他岩质的集料也可采用,如安山岩、花岗岩。

2)集料的要求

对级配碎石混合料来讲,其强度主要来源于集料颗粒间的嵌挤,所以粗集料的棱角和破碎面非常重要。具体要求如下:

(1)必须保证原料干净,质地坚硬,不能含有黏土块等杂质,并配备除尘设备,以保证碎石生产质量及环保的要求。

(2)必须使用反击式轧石机生产集料:先用大型颚式轧石机轧制石料,使用振动筛筛除小于 5cm 的石料;大于 5cm 的石料用联合轧石机进行碎石生产。

(3)对细集料,尽可能采用石灰岩石屑,并严格控制含泥量。具体指标要求见表 7-3。

细集料检查项目和频率 表 7-3

项 目	频 率	质量标准
针片状颗粒含量	每 1000m^3 1 次	<15%
塑性指数	每 1000m^3 1 次	<4
液限	每 1000m^3 1 次	<28%
集料压碎值	每 400m^3 1 次	<26%
砂当量	每 2000m^3 1 次	>60%

3）堆放要求

闷料场集料的堆放很重要。不正确的集料堆放方式会导致材料粗细颗粒的分离，引起集料的级配变化，从而严重影响搅拌设备的稳定生产和成品料组成的稳定性。具体应做到：

（1）级配碎石集料堆放场地必须采用 C15 混凝土硬化，保证集料不被污染。

（2）料场中各档石料的堆放必须严格分开，不许窜料，否则级配难以控制。

（3）为避免雨水等的污染，在拌和场地、成品料堆料场地和闷料场地必须做好相应的排水设计。可在料场地四周挖 30cm×30cm 的土质沟渠，沟渠靠场地一侧将碎石装编织袋整齐堆码，既防止雨水等流入施工场地，又整齐美观。同时，还应配备 1 台抽水机，保证大雨或山洪时紧急排水。正确的堆放方法见图 7-3。

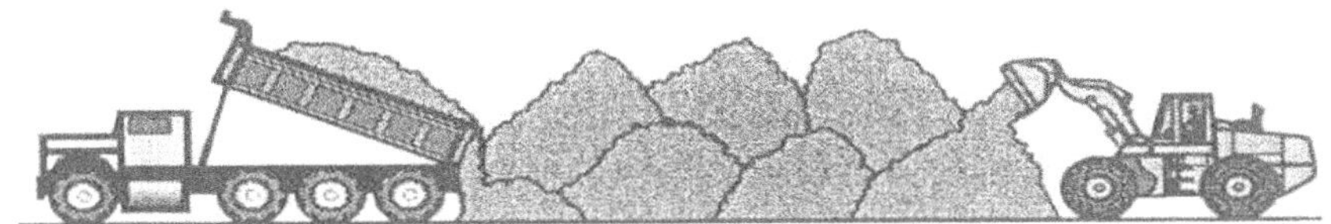

图 7-3 正确的堆放方法示意图

4）闷料要求

将拌和好的混合料运至闷料场进行 72h 闷料。应采用正确的装料及堆料法，以免产生离析。运料途中要防止沿途粉尘等污染，必要时应加盖塑料布。闷好的混合料必须用塑料布加以覆盖，以防水分蒸发或雨天雨水的渗入。

每天应对闷料场的混合料进行不同部位的含水率检验，当含水率偏低或气温较高时，可采用喷头洒水的方式补充加水。但加水量不宜过多，以避免底层混合料由于下渗而含水过多。若含水率过多时，可风干或晾晒少许时间。

7.3.2 级配碎石的拌和

1）级配碎石混合料的拌和方式

条件允许时，应采用集中厂拌法拌和级配碎石混合料。与路拌法相比，集中厂拌的混合料级配更容易控制，拌和更加均匀，生产的级配碎石质量容易得到保证。

料斗的数量应与设计要求的备料规格数相匹配，并应配备大容量的储水箱。拌和机应配备高精度电子动态计量器，且应经有资质的计量部门进行计量标定后，方可使用。

2）级配的调制

开始拌和前，拌和场的备料应能满足摊铺要求。级配碎石混合料在大规模摊铺前必须进行试拌，试拌的目的是调整生产配合比，使之与设计的级配相符。试拌后必须按照试验规程的要求取样，对拌和后的混合料进行级配检验，并检测实际混合料的含水率，根据对试拌混合料的级配检验结果，重新调整各档料的比例，还要根据混合料的含水率确定拌和时的加水量。

3）拌和含水率的调整

潮湿天气采用摊铺机进行摊铺时，拌和含水率宜高出 0.5% ～ 1%，采用平地机摊铺时，含水率宜高出 1% ～ 2%。

气温高、天气干燥时，由于水分散失较快，采用摊铺机摊铺时可高 1% ～ 2%，采用平地机可高 2% ～ 3%。同时，拌和含水率还应考虑下承层的类型，下承层为土基和稳定细粒土类时，含水率的调整取低限。

级配碎石含水率可以通过目测并结合快速烘干法确定。因为未碾压级配碎石排水性能较好，若拌和时，已经不能提高含水率，可在拌和生产前一天晚上向粗集料浇洒适量水，即预先吸水饱和的办法提前补水，或者将拌和好的混合料闷起。

7.3.3 级配碎石的运输

混合料的运输车辆在每天开工前，要检验其完好情况，装料前应将车厢清洗干净。运输车辆数量一定要满足拌和出料与摊铺需要，并略有富余。应尽快将拌成的混合料运送到铺筑现场，车上的混合料应覆盖，减少水分损失。

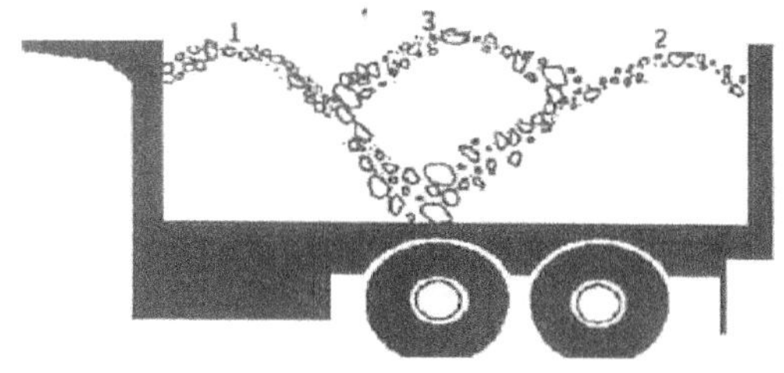

图 7-4 正确的装料方法示意图

如果是集中厂拌，出料不允许采取自由跌落式的落地成堆、装载机装料运输的办法。须配备带活门漏斗的料仓，由漏斗出料直接装车运输，装车时车辆应前后移动，分 3 次装料，避免混合料离析。正确的装料方法见图 7-4。

用装载机装料时采用侧向装载，在车厢内集料不要形成过高的锥体；卸料时，若采用推土机摊铺，自卸车边卸料边向前移动，以降低堆料高度，同时料堆要以品字形布置，避免平行布料，否则会形成离析带；若采用摊铺机摊铺，卸料时应快速，以减小第一次离析界面的滑动，减少第二次离析。

7.3.4 现场施工前的准备工作

（1）保证下承层平整、坚硬，具有规定的路拱、宽度、平整度和压实度。对于不能满足规定的下承层，无论是旧路结构层还是路基，都必须采用换填、挖开晾晒、补充碾压等措施进行整体或局部处理。

（2）级配碎石混合料摊铺前，首先恢复中线，进行高程控制。

（3）级配碎石混合料摊铺前，应洒水预湿。

7.3.5 级配碎石的现场摊铺

对于一、二级公路采用两台摊铺机联合作业全半幅摊铺，两台摊铺机相距 5 ～ 8m，重叠 0.5m 同步向前摊铺，同时采用人工消除“窝料”，以解决各类级配的离析问题。对于二级及二级以下等级的道路可采用一台全幅作业。

（1）采用摊铺机摊铺时应注意以下几点：

①摊铺机的操作：进料料口的闸门开到最大，摊铺室的雍料高度要几乎没过螺旋叶片，且全长一致；螺旋布料器在全部工作时间内低速、匀速转动，避免高速、停顿和启动。

②摊铺速度：一般为 2 ～ 3m/min，可根据摊铺厚度和级配类型调整。

③松铺系数根据试铺段确定，一般为 1.2 ～ 1.35，与平地机相比要厚。

④双机联合摊铺时要注意防止接缝处的离析，应派专人备料补救。

⑤级配碎石混合料摊铺应采用两台摊铺机梯队作业，一前一后应保证速度一致、摊铺厚度一致、松铺系数一致、路拱坡度一致、摊铺平整度一致、振动频率一致等，两机摊铺接缝平整。

⑥摊铺机的螺旋布料器应有 2/3 埋入混合料中。

（2）采用平地机摊铺时应注意以下几点：

①派专人按放样好的网格进行卸料，卸料时，自卸汽车采用低挡慢速倒退卸料方式，使集料相对均匀地倒在作业面上，以减少由于一次倾倒产生的局部离析。

②当卸料长度达 20 ～ 30m 后，平地机开始摊铺整平。

③平地机整平时，集料往往会向铲刀两侧堆积，生产工人随时将两侧级配碎石均匀撒布中间，并保证中线、边线所挂的线外露出，为平地机手整平提供操作依据。

④平地机整平时力争一次到位，避免反复整平导致混合料离析。

⑤人工跟随平地机及时消除粗集料离析现象，对于粗集料窝、粗集料带，需添加细集料并人工拌和均匀后整平；对于细集料窝、细集料带，则添加粗集料，并人工拌和均匀后整平。

7.3.6 级配碎石的现场碾压

级配碎石的碾压难点不在于压实度的高低，而在于嵌挤结构的形成，同时压碎率较小，压实度满足。碾压时应以振动压路机和重型轮胎压路机为主，钢轮静碾为辅，3 种压路机交叉作业的方式，充分发挥各种压路机的性能。

1）压路机配备

配备 12t 左右轻型压路机 1 ～ 2 台；18 ～ 20t 的稳压用压路机 2 ～ 3 台；振动压路机 2 ～ 3 台，自重 20t 以上，加振后不小于 55t；胶轮压路机 2 台，总重 26t 以上。压路机的吨位和台数必须与拌和机及摊铺机生产能力相匹配，保证施工正常进行。对于压实层为 15 ～ 20cm 的基层或底基层，碾压时应以重型振动压路机为主。

2）碾压程序

初压：振动压路机静压一遍，胶轮压路机碾压两遍。

复压：振动压路机强振 6 ～ 8 遍，路基边缘多压 2 ～ 3 遍。

终压：振动压路机微振 2 遍，胶轮压路机静压 1 遍。

3）碾压过程注意事项

（1）含水率：含水率略大于最佳含水率时方可开始碾压，否则应补充洒水。

（2）碾压过程控制：复压是关键，以压路机在强振时出现“蹦”的现象为准；以试验段现场平均最大干密度为准，压实度应不小于 98%；无法碾压的位置，用人工大锤夯实和小型夯机夯实；成型第二日，再洒适量水微振或静压一遍；做到振压不起浪、不推移。压实时，可以先稳压（静压、遍数适中，压实度达到 90%），然后开始轻振动碾压，再重振动碾压，最后胶轮稳压，压至无轮迹为止。碾压过程中，可用核子仪初查压实度，不合格时，重复再压。

（3）重叠：压路机碾压时应重叠 1/2 轮宽。

（4）压路机倒车换挡：倒车换挡要轻且平顺，不要拉动底层，在第一遍初步稳压时，倒车后尽量原路返回，换挡位置应在已压好的段落上，在未碾压的一头换挡倒车位置错开，要成齿状，出现个别拥包时，应配专人进行铲平处理。

（5）碾压速度：压路机碾压时的建议行驶速度，第 1 ～ 2 遍为 1.5 ～ 1.7km/h，以后各遍应为 1.8 ～ 2.2km/h。

（6）停车和掉头：压路机停车要错开，而且离开 3m 远，最好停在已碾压好的路段上。严禁压路机在已完成的或正在碾压的路段上掉头和紧急制动，以保证级配碎石层表面不受破坏。

（7）一次碾压长度：每台摊铺机后面，应紧跟三钢轮压路机或双钢轮压路机，振动压路机和轮胎压路机进行碾压，一次碾压长度一般为 50 ～ 80m。碾压段落必须层次分明，设置明显的分界标志。图 7-5、图 7-6 分别为压实不合格和压实合格的图片。

图 7-5　不合格级配碎石压实后

图 7-6　理想的级配碎石压实后

4）接缝设置及处理

（1）横缝

①级配碎石混合料摊铺时，必须连续作业不中断，如因故中断时间超过 2h，则应设横缝；每天收工之后，第二天开工的接头断面也要设置横缝；每当通过桥涵，特别是涵洞、通道，在其两边需要设置横缝，基层的横缝最好与桥头搭板尾端吻合。

②横缝的处理方法：在前一施工段预留 2 ～ 5m 只作静压，后一段施工时，人工将此预留段挖成表面粗糙的台阶状，并洒适量的水湿润，然后紧接着从预留段开始摊铺新料，与第二段一起整平后碾压；分层施工时，各层横缝避免处在同一截面上。

（2）纵缝

应尽量避免纵向接缝。如摊铺机的摊铺宽度不够，必须分两幅摊铺时，宜采用两台摊铺机，一前一后相隔 5 ～ 8m 同步向前摊铺混合料。

仅有一台摊铺机的情况下，在半幅施工完成后，进行另半幅施工时，应将前半幅超出路基中心范围的 30 ～ 50cm 的松散级配碎石用平地机配合人工刮掉，纵缝的处理一定要确保未压实部分全部清理干净，并不能破坏前半幅级配碎石层的结构。若施工前遇上雨天，纵缝表面的集料往往被泥浆污染。在进行另外半幅施工前，必须人工先将纵缝表面被污染的集料清除。

7.3.7　级配碎石的养生及开放交通

级配碎石基层施工完成到铺筑沥青混合料面层期间，是级配碎石基层的养生阶段。由于级配碎石材料强度的形成和半刚性基层材料不同，两者在养生所需的时间和条件上也有所不同。总结起来，级配碎石基层养生需注意以下几个方面：

（1）经静压成型后的级配碎石，应严禁在其上再进行振动碾压，振动碾压虽然可以使深层材料合理嵌挤、锁结，增强材料间作用力，但对于无结合料并在静压下已趋于密实的表层结构却有破坏作用，降低其密实度。

（2）运料车不准在已经成型的级配碎石层上掉头，倒车距离不宜太长，摊铺机推动运料车前行时，运料车的紧急制动不应踩死。

（3）成型后的级配碎石层养生 24h 后应及时铺筑沥青层，铺筑前要清扫干净，以利于沥青层与级配碎石层的联结。

（4）成型后的级配碎石层不能及时铺筑沥青面层时，应立即喷洒透层油。喷洒透层油的目的是防止雨水下渗和开放轻型交通。虽然级配碎石具有排水功能，但过多雨水的浸泡、冲刷会使级配碎石层疏松；没洒透层油的级配碎石在车轮作用下会局部松散。透层油的用量取规范的高限，喷洒宜均匀，最好采用洒布车作业。

（5）若既不能及时喷洒透层油，又不能及时铺筑沥青面层，级配碎石层必须洒水养生。

（6）成型后的级配碎石层要实行交通限制，对于底基层或级配类的在保湿养生情况下车辆可以行走，车速控制在 20km/ h，禁止紧急制动和急转弯。对于上基层和嵌挤类的级配碎石在喷洒透层油前禁止车辆通行，在喷洒透层油后禁止重载和高速车辆行走，轻型低速车辆禁止紧急制动和急转弯。

（7）养生期间若出现降雨，级配碎石遇水浸泡出现表面松散时，应在路面两侧每隔 20m 设泄水口，在将雨水排到边沟中。

7.4 级配碎石基层的施工质量管理与检测

级配碎石基层的施工质量管理，主要在于原材料质量控制、压实度控制等，其中重点是以下几个指标：

1）原材料质量

把好原材料质量关，是获得高质量级配碎石层的前提。原材料质量不好，施工工艺控制再严格，级配碎石基层或底基层的强度和抗变形能力也不可能得到保证，路面结构就存在质量隐患。因此，原材料质量控制是级配碎石基层或底基层施工质量控制的首要任务。要把好原材料质量关，首先要在料场选择上下功夫，有质量隐患的料场不能用，如材质不稳定的料场，片石膛口含泥土夹层的料场，场地太小的料场，等等。其次要严格控制针片状颗粒含量、塑性指数和各规格的级配。原材料检测项目、频率和质量标准见表 7-4。

原材料质量检测　　表 7-4

检测项目	频　率	质量标准
针片状颗粒含量	每 1000 m^3 1 次	<15%
塑性指数	每 1000 m^3 1 次	<4
液　限	每 1000 m^3 1 次	<28%
集料压碎值	每 400$m^3$1 次	<26%
砂当量	每 2000 m^3 1 次	>60%
筛　分	每 2000 m^3 1 次	在规定范围内

2）混合料质量

级配是影响级配碎石强度和刚度、结构稳定性的重要因素。级配碎石混合料的级配是现场进行质量控制的重点。为了使级配碎石混合料的级配准确、稳定，应该采取严格的保障措施。

在生产配合比的基础上误差允许范围为 4.75mm 以上筛孔通过率 ±5%；4.75mm 筛孔通过率 ±4%；2.36mm 筛孔通过率 ±3%；0.075mm 筛孔通过率 ±2%。具体的保障措施如下：

（1）各种规格的集料进入拌和场后，分别堆放，中间用砖墙和袋装碎石垛隔开，严格防止各种料之间串料。

（2）每天开拌和前，在拌和场料堆就地取样筛分，根据情况及时适当调整配合比例。

（3）装载机装料力求均匀一致，避免产生离析或不稳定，拌和机相邻料斗口之间用隔板隔开，防止串料导致级配不稳定。

（4）现场摊铺过程中取样，水洗筛分，根据情况修正施工配合比。在摊铺机不同部位取样，水洗筛分，掌握全幅摊铺的离析情况。

现场级配碎石混合料质量检测项目、频率和标准见表 7-5。

混合料现场检测　　表 7-5

检测项目	检测频率	标　准
级配	每天上下午各一次	—
含水率	每天上下午各一次	高于最佳含水率 1% ～ 2%
CBR	每天一次	>180%

3）压实度

级配碎石基层或底基层的质量好坏，压实度是最重要的内在因素之一。在级配碎石混合料级配和厚度一定的情况下，压实度大小与压路机性能碾压工艺、含水率有关。因此，压实度是级配碎石施工现场的重点控制指标。级配碎石基层现场检测频率及质量要求见表 7-6。

级配碎石基层现场检测频率及质量要求 表 7-6

压 实 度	每 2000m^2 内 6 次	>98%
路槽弯沉	10m 测一点	140（0.01mm）
级配碎石基层弯沉	20m 测一点	施工控制弯沉
宽度	每 200m4 个断面	符合设计
厚度	每 200m 一个点	代：-8、合：-15mm
横坡	每 200m4 个断面	±0.3%
高程	每 200m4 个断面	+5、-10mm
平整度	3m 直尺	不大于 2cm

第8章 级配碎石基层技术的经济、社会效益及推广应用前景分析

8.1 级配碎石基层应用经济性分析

8.1.1 经济性分析方案

路面工程是道路建设的主要组成部分，一般情况下，其造价可以高达道路建设总投资的1/3～1/2。由此可见，一项路面工程的新技术的推广应用，除了技术本身的成熟外，造价就构成了另一个制约因素。近年来，半刚性基层沥青路面在我国得到普遍应用的一个主要原因，就是其造价相对较低。但若仅考虑初期投资去评价一项技术的优劣，往往是片面的，必须按寿命周期去综合考虑初期建设成本、养护成本，以及道路服务水平或者路面使用性能。

鉴于以上分析，级配碎石基层应用技术经济性的分析也应该从寿命周期成本的角度进行，即从初期建设成本和养护成本两个方面进行评价。从本项目研究成果上看，与半刚性基层沥青路面相比，级配碎石基层确实可以显著抑制反射裂缝的发生，进而提高路面使用品质并延长路面使用寿命。但定量化研究级配碎石基层沥青路面使用寿命的相关研究尚未深入，国内外文献也没有成熟的研究成果。为此，本章只针对级配碎石基层沥青的初期建设成本与半刚性基层沥青路面进行对比分析，现对本章所做分析的前提条件约定如下。

（1）分析的对象有3个，分别为半刚性基层沥青路面结构、级配碎石上基层沥青路面结构和双基层沥青路面结构。路面宽度取7m，长度1000m（图8-1～图8-3），预计3种路面结构适用同一等级的公路。

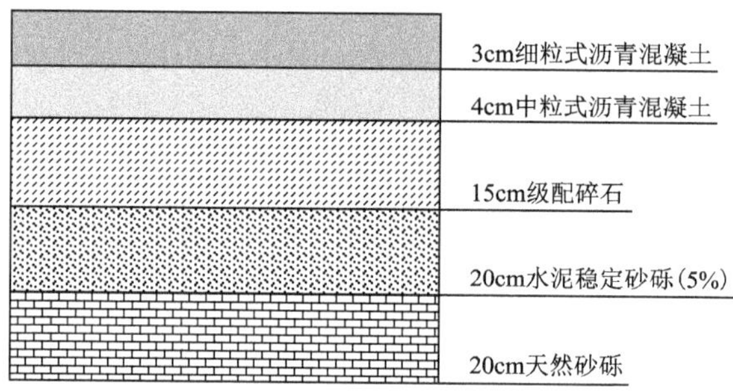

图 8-1 级配碎石上基层沥青路面结构

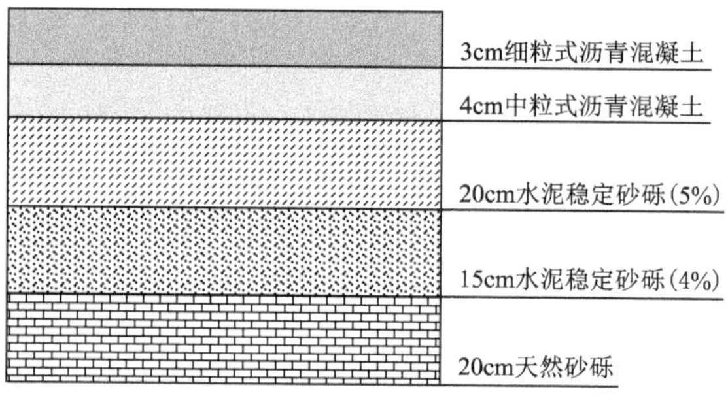

图 8-2 半刚性基层沥青路面结构

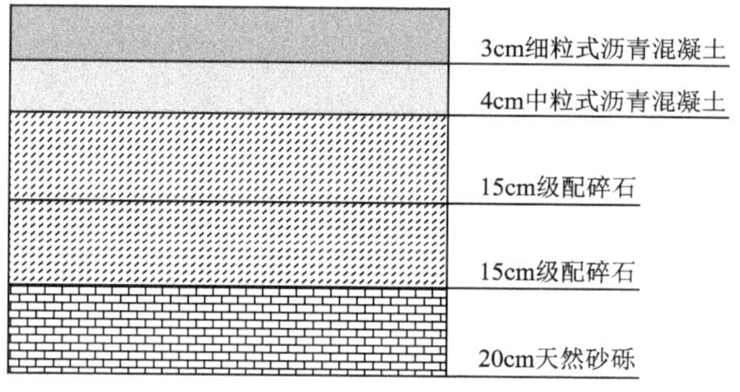

图 8-3 双级配碎石基层沥青路面结构

(2)假定分析的对象路基土相同(回弹模量大小相同),属于同等级公路,适应相同交通量(累计当量轴次相同)。

(3)原材料单价参照抚顺前三线试验路工程,见表 8-1。

原材料价格表

表 8-1

材料	沥青混凝土	水泥	砂砾	碎石	天然砂砾
单价	432 元 /t	410 元 /t	44 元 /m^3	44 元 /m^3	33 元 /m^3

注:砂砾价格为经掺配和破碎后,形成符合级配要求的砂砾。

8.1.2 每千米造价分析

根据调研,材料运输按 0.5 元 /(t·km)计算,材料运距相同均为 20km,租用拌和站拌和碎石和砂砾费用按 24 元 /m^3(松方)计算,级配碎石预拌费用按 7 元 /m^3(松方)计算。摊铺、碾压、人工三项费用合计：级配碎石 19 元 /m^3（实方），水泥稳定砂砾 17 元 /m^3（实方），天然砂砾 8 元 /m^3（实方）。级配碎石松铺系数为 1.3，水泥稳定砂砾或天然砂砾松铺系数为 1.2。砂砾或碎石密度 2.2t/m^3。

经计算得到级配碎石上基层沥青路面、半刚性基层沥青路面、双级配碎石基层沥青路面的每千米路面工程造价数据，计算结果分别见表 8-2 ～表 8-4。

级配碎石上基层沥青路面每千米费用明细 表 8-2

结　构　层	单价 [元 /（m^2·cm）]	厚度（cm）	宽度（m）	长度（m）	分项费用（元）	总费用（元）
沥青混凝土	12	7	7	1000	588000	1029700
级配碎石	1.38	15	7	1000	144900	
水泥稳定砂砾（5%）	1.4	20	7	1000	196000	
天然砂砾	0.72	20	7	1000	100800	

半刚性基层沥青路面每千米费用明细 表 8-3

结　构　层	单价 [元 /（m^2·cm）]	厚度（cm）	宽度（m）	长度（m）	分项费用（元）	总费用（元）
沥青混凝土	12	7	7	1000	588000	1023400
水泥稳定砂砾（5%）	1.4	20	7	1000	196000	
水泥稳定砂砾（4%）	1.32	15	7	1000	138600	
天然砂砾	0.72	20	7	1000	100800	

双级配碎石基层沥青路面每千米费用明细 表 8-4

结　构　层	单价 [元 /m^2·（cm）]	厚度（cm）	宽度（m）	长度（m）	分项费用（元）	总费用（元）
沥青混凝土	12	7	7	1000	588000	978600
级配碎石	1.38	15	7	1000	144900	
级配碎石	1.38	15	7	1000	144900	
天然砂砾	0.72	20	7	1000	100800	

从计算结果中可知：3 种路面结构中，双级配碎石基层沥青每千米初期建设成本为 978600 元，级配碎石上基层沥青路面每千米初期建设成本为 1029700 元，半刚性基层沥青路面每千米初期建设成本为 1023400 元。可见，单从工程项目的初期建设成本分析，级配碎石上基层沥青路面比半刚性基层沥青路面每千米造价高 6300 元，可以认为两种结构基本相同。3 种结构中，双基层级配碎石沥青路面每千米初期建设成本最为经济，与半刚性基层沥青路面相比，节省 44800 元。

实际上，仅从项目初期建设成本的角度去评价一项技术的优劣，显然是片面的。结合技术和经济综合分析，我们认为级配碎石基层技术是目前需要大力研究和推广应用的路面工程技术，主要基于以下分析：

（1）从初期建设成本的角度分析：在运距相同的情况下，已经对所列的 3 种路面结构的初期成本进行了评价。但是若考虑目前符合级配要求的砂砾资源严重短缺，砂砾材料需要长距离运输的情况下，碎石基层的应用相对初期成本就会变低。

（2）从级配碎石基层沥青路面全寿命周期成本分析：从本项目研究成果中可知，与半刚性基层技术相比，应用级配碎石基层技术可以显著减少路面反射裂缝的发生，这样就会大大降低后期养护费用，延长路面使用寿命。可见，从全寿命周期成本的角度，级配碎石基层技术也是一项值得大力推广应用的技术。

8.2 级配碎石基层应用社会效益分析

众所周知，公路建设需要消耗大量建筑材料。基层作为路面的主要承重层，其厚度必须满足一定的技术要求，可见基层的修建将耗费材料将是巨大的。多年来，我国一直采用半刚性基层沥青路面这一结构形式，半刚性基层材料是无机结合料稳定粒料类材料构成的，粒料通常来源于河道的开采，而过量的开采已经使各地的砂砾石资源趋于枯竭。同时，在河道中过量开采砂砾石，人为改变了河道的自然形状，洪水期间极易造成许多如河道淤积、洪水泛滥、滑坡等自然地质灾害。

目前由于多年的高速公路、农村公路及城市建设，多数地区砂砾石资源已经枯竭，很多地区已经禁止开采砂砾石材料，大量使用碎石材料作为路面基层材料也是今后必然的选择。可见，采用碎石材料代替砂砾石不仅在经济和技术上可行，同时对于改善自然环境、减少自然灾害的作用也是不容忽视的，由此产生的社会效益将是巨大的。

8.3 级配碎石基层技术推广应用前景分析

通过本项目对级配碎石基层应用技术全面的研究，结合该项技术的经济和社会效益的分析，我们认为级配碎石基层技术在辽宁地区具有广阔的推广和应用前景，这主要基于如下分析：

（1）级配碎石基层技术分析

辽宁地区冬季漫长严寒干燥，全年气温在 -29 ～ 36℃，平均气温 8.3℃，冬季最低温度可达 -30℃。在公路自然区划上，处于夏热冬寒湿润，夏热冬冷半干区。这样的气候特征决定了辽宁省在应用半刚性基层技术时，无法避免出现半刚性基层材料温缩裂缝和干缩裂缝较多的现象。进而会导致公路建设完工投入使用后，路面逐渐出现较为严重的反射裂缝的情况。而反射裂缝的出现，不仅降低了路面使用品质，而且为水渗入路面结构中提供了通道，水储存在路面结构中会在形成荷载的作用下破坏沥青与集料的黏结，从而形成严重的损害现象。

基于辽宁省的自然气候特点，半刚性基层沥青路面防止路面反射裂缝显得尤为突出，而级配碎石基层技术的主要优势就是阻止或者延缓反射裂缝的发生。从技术本身的角度，级配碎石基层技术在辽宁省具有独特的优势，这在本项目的研究成果中已经得到充分的证实。

实行级配碎石基层沥青路面另外一点技术优势就是便于路面养护。众所周知，半刚性基层沥青路面破损后无法进行修补，通常的处理方法就是同时对基层和面层进行再生或者将旧料废弃重新铺筑结构层。这种开膛破腹式的养护方法，不仅为施工带来了难度，同时也增加了养护费用。采用级配碎石基层技术，可以实现只对面层进行处理。因为级配碎石材料属于无黏结料的柔性材料，若经过长时间荷载作用，该层出现明显的变形或者破坏，可以就地局部加水拌和，重新碾压形成新的级配碎石层。显然，这是半刚性基层材料与之无法相比的。同时，在后期路面大修时，也可以采用冷再生技术对碎石进行循环利用，将节省大量路用材料。

（2）市场空间分析

本项目研究重点落在级配碎石基层在普通公路建设中的应用研究。据调查，到2018年底全国公路总里程395万km，普通公路占88.5%。辽宁省到2017年底公路总里程100380km，普通公路里程达到85762km。“十四五”期间还将有大量普通公路新建、旧路大修、改建工程项目有待实施，其中新改建公路里程达2862km，大修5935km，农村公路25000km。这些工程急需大量的基层材料，在砂砾石材料接近枯竭的地区，使用碎石材料必将成为必然的选择，可见级配碎石基层技术的应用将拥有十分广阔的市场空间。

（3）级配碎石基层技术经济和社会效益

级配碎石基层技术能够得到推广应用的另外一个原因，就是该项技术应用在经济上可行和社会效益显著。这在本章9.1节和9.2节中给出了具体分析，在此不再赘述。

8.4 本章小结

基于以上对级配碎石基层技术在辽宁省普通公路中应用的适用性分析、经济性分析、社会效益分析，以及该项技术的推广应用前景的分析，可以认为级配碎石基层技术是辽宁省未来值得推广应用的路面新技术，并由此产生巨大的经济效益和社会效益。

附录

附录 1 级配碎石回弹模量数据

（1）骨架密实型级配碎石回弹模量试验数据见附表 1 ～附表 6。

骨架密实型级配碎石回弹模量试验数据（第 1 组） 附表 1

序号	加载（kN）	卸载（kN）	百分表读数				Δ*l*（0.01mm）	Δ*p*（MPa）	*E*（MPa）
			加载（0.01mm）		卸载（0.01mm）				
			左	右	左	右			
1	1.87	0.14	28	16	5	9	15.00	0.10	73.37
2	4.15	0.14	31	19	12.5	15.5	11.00	0.23	231.90
3	10.42	0.15	39	28	11	6.5	24.75	0.59	263.96
4	15.79	0.15	40	35	18.5	14	21.25	0.89	350.00
5	21.42	0.15	53	42	16	12	33.50	1.21	403.90
6	26.58	0.15	58	47	18	13	37.00	1.51	454.40
7	31.72	0.15	68	54	20	16	43.00	1.80	467.04
8	37.03	0.16	77	61	21	17	50.00	2.10	469.08
9	42.49	0.16	89	67	27	21	54.00	2.42	498.66
10	47.44	0.16	100	73	31	24	59.00	2.70	509.77
11	53.4	0.16	110	79	32	27	65.00	3.04	521.04

骨架密实型级配碎石回弹模量试验数据（第 2 组） 附表 2

序号	加载（kN）	卸载（kN）	百分表读数				Δ*l*（0.01mm）	Δ*p*（MPa）	*E*（MPa）
			加载（0.01mm）		卸载（0.01mm）				
			左	右	左	右			
1	1.89	0.13	12	1	−2	−5	10.0	0.10	111.96
2	3.73	0.13	15	3	−1	−5	12.0	0.21	190.84

续上表

序号	加载(kN)	卸载(kN)	百分表读数				Δl(0.01mm)	Δp(MPa)	E(MPa)
			加载(0.01mm)		卸载(0.01mm)				
			左	右	左	右			
3	5.84	0.13	20	5	0	−3	14.0	0.33	259.45
4	7.25	0.14	22	7	0	−3	16.0	0.41	282.68
5	8.86	0.14	25	10	0	−3	19.0	0.50	291.95
6	10.88	0.15	27	12	0	−4	21.5	0.61	317.47
7	12.51	0.14	28	14	0	−3	22.5	0.71	349.73
8	15.96	0.14	32	17	1	−2	25.0	0.90	402.54
9	20.91	0.15	39	23	−2	−4	34.0	1.18	388.41
10	26.31	0.16	46	28	−1	−3	39.0	1.49	426.53
11	31.56	0.16	54	35	1	0	44.0	1.79	453.97
12	36.54	0.16	62	41	2	1	50.0	2.08	462.85
13	42.31	0.16	72	45	4	3	55.0	2.41	487.51
14	47.45	0.16	80	51	8	3	60.0	2.70	501.38
15	52.06	0.16	87	56	7	3	66.5	2.96	496.47

骨架密实型级配碎石回弹模量试验数据(第3组)　　附表3

序号	加载(kN)	卸载(kN)	百分表读数				Δl(0.01mm)	Δp(MPa)	E(MPa)
			加载(0.01mm)		卸载(0.01mm)				
			左	右	左	右			
1	1.95	0.13	12	10	1	0	10.5	0.10	110.26
2	3.74	0.14	14	14	−1	0	14.5	0.21	157.94
3	5.47	0.14	16	18	1	2	15.5	0.30	218.75
4	7.21	0.14	18	22	−1	0	20.5	0.40	219.39
5	8.98	0.14	20	25	−1	2	22.0	0.50	255.61
6	10.77	0.15	23	28	−1	2	25.0	0.61	270.23
7	12.52	0.15	26	31	1	4	26.0	0.71	302.65
8	15.69	0.15	31	36	1	5	30.5	0.89	324.11
9	21.32	0.16	41	45	2	5	39.5	1.21	340.77
10	25.57	0.16	48	51	4	8	43.5	1.45	371.59
11	31.4	0.16	57	60	8	12	48.5	1.78	409.75
12	36.29	0.17	65	66	10	14	53.5	2.06	429.48
13	42.36	0.17	75	74	14	17	59.0	2.41	454.89
14	47.51	0.17	83	82	16	19	65.0	2.70	463.30
15	52.38	0.17	91	88	19	21	69.5	2.98	477.88

骨架密实型级配碎石回弹模量试验数据（第 4 组） 附表 4

序号	加载（kN）	卸载（kN）	百分表读数				Δl（0.01mm）	Δp（MPa）	E（MPa）
			加载（0.01mm）		卸载（0.01mm）				
			左	右	左	右			
1	1.88	0.16	21	7	3	1	12.0	0.10	91.18
2	3.81	0.16	23	10	3	2	14.0	0.21	165.85
3	5.7	0.16	25	13	2	2	17.0	0.32	207.30
4	7.25	0.16	27	15	2	3	18.5	0.40	243.79
5	8.96	0.16	30	17	2	4	20.5	0.50	273.07
6	10.8	0.16	32	20	0	2	25.0	0.61	270.74
7	12.61	0.16	34	22	1	3	26.0	0.71	304.61
8	16.11	0.16	39	26	2	3	30.0	0.91	338.21
9	21.75	0.16	45	32	0	2	37.5	1.23	366.24
10	26.84	0.16	52	37	1	4	42.0	1.52	404.09
11	32.02	0.16	59	42	2	5	47.0	1.82	431.22
12	36.94	0.16	65	47	0	4	54.0	2.10	433.28
13	42.79	0.16	72	55	2	7	59.0	2.43	459.63
14	47.98	0.16	78	62	1	10	64.5	2.73	471.62
15	53	0.16	85	65	3	12	67.5	3.02	497.97

骨架密实型级配碎石回弹模量试验数据（第 5 组） 附表 5

序号	加载（kN）	卸载（kN）	百分表读数				Δl（0.01mm）	Δp（MPa）	E（MPa）
			加载（0.01mm）		卸载（0.01mm）				
			左	右	左	右			
1	1.96	0.13	11	4	0	2	6.5	0.10	179.10
2	3.76	0.13	14	6	0	2	9.0	0.21	256.57
3	5.54	0.14	17	9	−1	2	12.5	0.31	274.81
4	7.36	0.14	19	11	−2	3	14.5	0.41	316.75
5	9.23	0.14	21	14	−3	2	18.0	0.52	321.25
6	10.99	0.15	24	15	−2	3	19.0	0.62	362.93
7	12.74	0.15	26	18	−2	3	21.5	0.72	372.51
8	15.93	0.15	30	20	0	4	23.0	0.90	436.44
9	21.78	0.15	38	27	1	6	29.0	1.23	474.47
10	26.55	0.16	45	32	1	6	35.0	1.51	479.64
11	31.45	0.16	54	37	1	7	41.5	1.79	479.63
12	37.3	0.17	63	44	4	10	46.5	2.12	507.95
13	41.96	0.17	70	50	7	12	50.5	2.39	526.41
14	47.43	0.17	78	57	9	13	56.5	2.70	532.10
15	55.62	0.17	90	68	10	15	66.5	3.16	530.43

骨架密实型级配碎石回弹模量试验数据（第 6 组）　附表 6

序号	加载（kN）	卸载（kN）	百分表读数				Δl（0.01mm）	Δp（MPa）	E（MPa）
			加载（0.01mm）		卸载（0.01mm）				
			左	右	左	右			
1	2.11	0.16	11	6	2	1	7.0	0.11	177.21
2	3.9	0.16	14	9	1	1	10.5	0.21	226.58
3	5.58	0.16	16	10	1	1	12.0	0.31	287.32
4	7.45	0.16	19	12	1	1	14.5	0.42	319.82
5	8.8	0.16	21	14	1	1	16.5	0.49	333.10
6	10.73	0.16	24	15	2	2	17.5	0.60	384.22
7	12.65	0.16	27	17	1	−1	22.0	0.71	361.15
8	15.83	0.16	32	20	1	0	25.5	0.89	390.91
9	21.35	0.16	39	24	4	−1	30.0	1.21	449.32
10	26.41	0.16	47	28	5	−1	35.5	1.50	470.38
11	31.35	0.16	55	32	7	0	40.0	1.78	496.02
12	36.69	0.17	63	36	9	0	45.0	2.08	516.25
13	42.41	0.17	71	41	12	3	48.5	2.41	554.02
14	47.55	0.17	78	47	15	5	52.5	2.70	574.09
15	52.71	0.17	86	53	19	7	56.5	3.00	591.54

（2）连续级配型级配碎石回弹模量试验数据见附表 7～附表 13。

连续级配型级配碎石回弹模量试验数据（第 1 组）　附表 7

序号	加载（kN）	卸载（kN）	百分表读数				Δl（0.01mm）	Δp（MPa）	E（MPa）
			加载（0.01mm）		卸载（0.01mm）				
			左	右	左	右			
1	1.88	0.15	11	7	−1	1	9.0	0.10	122.28
2	3.64	0.15	14	11	−1	3	11.5	0.20	193.05
3	5.43	0.15	16	16	−3	4	15.5	0.30	216.69
4	7.25	0.15	20	19	−1	6	17.0	0.41	265.68
5	9.01	0.15	23	24	0	8	19.5	0.51	289.03
6	10.65	0.16	24	26	0	9	20.5	0.60	325.51
7	12.33	0.16	28	30	3	12	21.5	0.69	360.08
8	14.95	0.16	31	34	1	12	26.0	0.84	361.86
9	22.05	0.16	43	43	3	16	33.5	1.25	415.67
10	26.35	0.17	49	48	5	17	37.5	1.49	444.10
11	30.48	0.17	56	53	4	17	44.0	1.73	438.21
12	36.73	0.17	67	61	10	21	48.5	2.09	479.52
13	41.53	0.16	75	67	10	24	54.0	2.36	487.35
14	47.32	0.17	83	75	15	29	57.0	2.69	526.20
15	53.58	0.16	92	85	17	33	63.5	3.05	535.15

连续级配型级配碎石回弹模量试验数据(第 2 组)　　附表 8

序号	加载(kN)	卸载(kN)	百分表读数				Δl(0.01mm)	Δp(MPa)	E(MPa)
			加载(0.01mm)		卸载(0.01mm)				
			左	右	左	右			
1	1.93	0.18	13	8	0	2	9.5	0.10	117.18
2	3.16	0.18	16	11	0	2	12.5	0.17	151.65
3	5.55	0.18	18	13	-1	3	14.5	0.31	235.59
4	7.54	0.18	21	16	1	5	15.5	0.42	302.06
5	8.98	0.18	22	19	1	5	17.5	0.50	319.88
6	10.73	0.18	25	22	1	4	21.0	0.60	319.58
7	12.36	0.18	27	25	4	6	21.0	0.70	368.96
8	15.8	0.18	33	30	5	6	26.0	0.89	382.17
9	20.92	0.18	40	36	8	8	30.0	1.18	439.78
10	26.33	0.18	51	43	10	10	37.0	1.49	449.59
11	30.91	0.18	59	48	13	11	41.5	1.75	471.04
12	36.92	0.18	69	55	16	13	47.5	2.10	492.03
13	41.78	0.18	76	62	19	16	51.5	2.37	513.84
14	46.98	0.18	84	68	22	20	55.0	2.67	541.29
15	52.61	0.18	93	75	24	21	61.5	2.99	542.31

连续级配型级配碎石回弹模量试验数据(第 3 组)　　附表 9

序号	加载(kN)	卸载(kN)	百分表读数				Δl(0.01mm)	Δp(MPa)	E(MPa)
			加载(0.01mm)		卸载(0.01mm)				
			左	右	左	右			
1	1.83	0.13	20	5	2	3	10.0	0.10	108.14
2	3.76	0.13	23	6	2	4	11.5	0.21	200.80
3	5.57	0.13	24	9	1	6	13.0	0.31	266.20
4	7.61	0.13	26	12	3	6	14.5	0.43	328.16
5	8.83	0.14	27	14	2	6	16.5	0.50	335.03
6	10.65	0.13	30	15	4	8	16.5	0.60	405.58
7	12.31	0.14	33	17	3	8	19.5	0.69	397.01
8	15.75	0.14	38	22	4	9	23.5	0.89	422.55
9	18.24	0.14	42	25	6	11	25.0	1.03	460.56
10	26.38	0.14	54	26	9	13	29.0	1.50	575.59
11	30.97	0.14	63	42	11	16	39.0	1.76	502.87
12	35.82	0.15	72	48	16	19	42.5	2.04	533.90
13	41.87	0.15	83	56	18	22	49.5	2.38	536.15
14	47.34	0.15	92	65	20	24	56.5	2.69	531.31
15	52.65	0.15	106	77	29	32	61.0	3.00	547.49

连续级配型级配碎石回弹模量试验数据（第4组）　　附表10

序号	加载(kN)	卸载(kN)	百分表读数				Δl (0.01mm)	Δp (MPa)	E (MPa)
			加载(0.01mm)		卸载(0.01mm)				
			左	右	左	右			
1	1.95	0.12	11	4	−3	0	9.0	0.10	129.35
2	3.77	0.12	15	7	−2	2	11.0	0.21	211.08
3	5.56	0.13	17	10	−2	−1	15.0	0.31	230.28
4	7.52	0.14	22	11	−4	2	17.5	0.42	268.27
5	9.11	0.14	23	15	−4	3	19.5	0.51	292.62
6	10.55	0.14	25	17	−4	4	21.0	0.59	315.34
7	12.34	0.14	27	20	−5	3	24.5	0.70	316.77
8	15.66	0.15	31	25	−5	5	28.0	0.89	352.37
9	21.55	0.15	39	33	−1	8	32.5	1.22	418.87
10	26.64	0.15	46	39	−1	10	38.0	1.51	443.45
11	31.48	0.16	54	46	−1	11	45.0	1.79	442.75
12	36.83	0.16	62	53	0	13	51.0	2.09	457.39
13	42.44	0.16	70	60	3	17	55.0	2.41	489.01
14	48.07	0.16	80	68	7	19	61.0	2.73	499.62
15	52.82	0.16	88	73	8	22	65.5	3.01	511.43

连续级配型级配碎石回弹模量试验数据（第5组）　　附表11

序号	加载(kN)	卸载(kN)	百分表读数				Δl (0.01mm)	Δp (MPa)	E (MPa)
			加载(0.01mm)		卸载(0.01mm)				
			左	右	左	右			
1	2	0.15	17	6	2	3	9.0	0.11	130.76
2	3.73	0.16	19	10	0	3	13.0	0.20	174.69
3	5.86	0.16	26	9	2	3	15.0	0.33	241.73
4	7.31	0.16	25	15	3	4	16.5	0.41	275.66
5	8.7	0.16	26	18	2	4	19.0	0.49	285.92
6	10.81	0.16	30	20	2	5	21.5	0.61	315.11
7	12.61	0.16	32	22	3	5	23.0	0.71	344.34
8	15.94	0.17	37	27	3	6	27.5	0.90	364.79
9	20.34	0.17	44	32	6	7	31.5	1.15	407.33
10	26.51	0.17	53	39	8	9	37.5	1.50	446.82
11	31.54	0.17	65	51	11	12	46.5	1.79	429.15
12	36.71	0.17	72	48	12	12	48.0	2.09	484.25
13	41.47	0.17	79	58	12	12	56.5	2.36	464.99
14	47.23	0.17	89	66	19	19	58.5	2.69	511.73
15	52.03	0.17	95	72	23	25	59.5	2.96	554.45

连续级配型级配碎石回弹模量试验数据(第 6 组)　附表 12

序号	加载（kN）	卸载（kN）	百分表读数				Δl（0.01mm）	Δp（MPa）	E（MPa）
			加载(0.01mm)		卸载(0.01mm)				
			左	右	左	右			
1	1.96	0.11	10	6	−2	−1	9.5	0.11	123.88
2	3.92	0.12	12	8	−2	−1	11.5	0.22	210.20
3	5.51	0.12	14	10	−1	−1	13.0	0.31	263.75
4	7.17	0.12	17	13	−2	−1	16.5	0.40	271.80
5	9.13	0.13	20	15	−2	−2	19.5	0.51	293.60
6	11.21	0.13	26	18	0	−2	23.0	0.63	306.45
7	12.48	0.14	28	19	0	−2	24.5	0.70	320.40
8	15.36	0.14	35	22	2	−2	28.5	0.87	339.72
9	22.11	0.14	44	30	6	−1	34.5	1.25	405.10
10	26.67	0.14	52	35	8	1	39.0	1.51	432.73
11	29.68	0.14	56	38	8	2	42.0	1.69	447.41
12	36.55	0.14	65	45	10	3	48.5	2.08	477.56
13	41.94	0.14	78	53	13	5	56.5	2.39	470.62
14	47.07	0.15	86	59	16	8	60.5	2.68	493.34
15	52.15	0.15	93	66	18	9	66.0	2.97	501.19

连续级配型级配碎石回弹模量试验数据(第 7 组)　附表 13

序号	加载（kN）	卸载（kN）	百分表读数				Δl（0.01mm）	Δp（MPa）	E（MPa）
			加载(0.01mm)		卸载(0.01mm)				
			左	右	左	右			
1	1.91	0.16	12	4	0	0	8.0	0.10	139.15
2	3.07	0.16	13	6	0	0	9.5	0.17	194.86
3	5.46	0.16	16	10	0	1	12.5	0.30	269.72
4	6.88	0.16	17	13	1	2	13.5	0.38	316.65
5	9.08	0.16	21	15	−1	1	18.0	0.51	315.24
6	11.27	0.16	25	17	1	2	19.5	0.63	362.43
7	12.91	0.16	27	18	−1	2	22.0	0.73	368.67
8	15.83	0.16	32	20	2	4	23.0	0.89	433.40
9	20.96	0.17	38	21	2	4	26.5	1.19	499.06
10	27.03	0.17	47	28	5	7	31.5	1.53	542.43
11	31.13	0.17	54	33	7	9	35.5	1.77	554.78
12	36.93	0.17	63	40	10	11	41.0	2.10	570.34
13	42.42	0.17	72	45	12	13	46.0	2.41	584.27
14	47.35	0.17	80	51	19	15	48.5	2.69	618.82
15	52.79	0.17	88	58	23	19	52.0	3.00	643.71

附录 2　级配碎石 CBR 试验数据

（1）抚顺骨架密实型级配碎石 CBR 试验数据见附表 14。

抚顺骨架密实型级配碎石 CBR 试验数据　　附表 14

试样类型	抚顺骨架密实型	最佳含水率	3.05%
最大干密度	2.4945 g/cm^3	每层击数	98
荷载测力计百分表读数 R（0.01mm）	单位压力 p（kPa）	百分表读数（0.01mm）	贯入量 l（mm）
0.0	0	0	0.0
3.4	401	20	0.2
11.2	1329	40	0.4
20.7	2447	60	0.6
26.1	3092	80	0.8
33.1	3928	100	1.0
34.3	4066	120	1.2
36.9	4375	140	1.4
40.3	4770	160	1.6
42.8	5072	180	1.8
45.2	5355	200	2.0
47.9	5678	220	2.2
51.7	6132	240	2.4
53.0	6283	250	2.5
56.3	6671	260	2.6
62.7	7428	280	2.8
69.0	8178	300	3.0
71.3	8454	320	3.2
76.9	9112	340	3.4
87.8	10408	360	3.6
91.2	10809	380	3.8
96.9	11480	400	4.0
102.1	12099	420	4.2
103.7	12283	440	4.4
106.3	12599	460	4.6
109.3	12947	480	4.8
111.1	13163	500	5.0

l=5mm 时 CBR 值大于 l=2.5mm 时的 CBR 值，故此试验 CBR 值为 125.36%。

（2）抚顺连续级配型级配碎石 CBR 试验数据见附表 15。

抚顺连续级配型级配碎石 CBR 试验数据　附表 15

试样类型	抚顺连续级配型	最佳含水率	4.36%
最大干密度	2.4679 g/cm^3	每层击数	98
荷载测力计百分表读数 R（0.01mm）	单位压力 p（kPa）	百分表读数（0.01mm）	贯入量 l（mm）
0.0	0	0	0.0
4.4	524	20	0.2
8.7	1031	40	0.4
12.7	1507	60	0.6
17.4	2058	80	0.8
21.0	2484	100	1.0
25.2	2982	120	1.2
28.0	3320	140	1.4
31.6	3742	160	1.6
33.0	3916	180	1.8
35.6	4222	200	2.0
36.8	4360	220	2.2
37.5	4440	240	2.4
41.4	4911	250	2.5
45.3	5364	260	2.6
49.1	5818	280	2.8
51.6	6120	300	3.0
54.8	6489	320	3.2
57.7	6831	340	3.4
63.0	7462	360	3.6
68.3	8093	380	3.8
73.4	8702	400	4.0
78.5	9307	420	4.2
80.4	9524	440	4.4
81.0	9600	460	4.6
86.2	10218	480	4.8
89.4	10589	500	5.0

l=5mm 时 CBR 值大于 l=2.5mm 时的 CBR 值，故此试验 CBR 值为 100.85%。

（3）鞍山骨架密实型级配碎石 CBR 试验数据见附表 16。

鞍山骨架密实型级配碎石 CBR 试验数据　　附表 16

试样类型	鞍山骨架密实型	最佳含水率	4.02%
最大干密度	2.3158 g/cm^3	每层击数	98
荷载测力计百分表读数 R（0.01mm）	单位压力 p（kPa）	百分表读数（0.01mm）	贯入量 l（mm）
0.0	0	0	0.0
1.9	227	20	0.2
4.0	476	40	0.4
6.2	729	60	0.6
8.6	1022	80	0.8
17.7	2102	100	1.0
17.9	2116	120	1.2
22.4	2658	140	1.4
23.7	2813	160	1.6
24.5	2902	180	1.8
26.6	3151	200	2.0
31.1	3684	220	2.2
35.3	4182	240	2.4
39.3	4658	250	2.5
43.1	5111	260	2.6
47.6	5640	280	2.8
52.1	6169	300	3.0
56.2	6658	320	3.2
59.9	7098	340	3.4
64.1	7591	360	3.6
68.1	8067	380	3.8
73.4	8693	400	4.0
76.4	9058	420	4.2
80.2	9507	440	4.4
84.4	10000	460	4.6
88.6	10502	480	4.8
91.3	10815	500	5.0

l=5mm 时 CBR 值大于 l=2.5mm 时的 CBR 值，故此试验 CBR 值为 103%。

附录3 抚顺前三线施工现场检测数据

（1）现场压实度检测数据见附表17、附表18。

K7+900—K8+200 下基层压实度检测结果　附表17

桩　号	压实度(%)	桩　号	压实度(%)
K8+150	99.16	K8+000	98.19
K8+120	99.13	K7+970	98.07
K8+090	98.38	K7+940	99.21
K8+060	99.29	K7+910	98.19
K8+030	99.70		

K6+200—K8+200 上基层压实度检测结果　附表18

桩　号	压实度(%)	桩　号	压实度(%)
K8+150	98.75	K7+400	98.06
K8+120	98.10	K7+300	98.54
K8+090	99.13	K7+200	99.30
K8+060	99.93	K7+100	98.73
K8+030	99.79	K7+000	98.02
K8+000	98.45	K6+900	98.16
K7+970	98.02	K6+800	98.74
K7+940	98.87	K6+700	98.13
K7+910	98.52	K6+600	98.46
K7+800	98.38	K6+500	98.04
K7+700	98.97	K6+400	98.94
K7+600	98.01	K6+300	99.01
K7+500	98.91	K6+200	98.82

（2）现场CBR检测数据见附表19、附表20。

K7+900—K8+200 下基层现场CBR值检测结果　附表19

桩　号	右侧CBR值(%)	左侧CBR值(%)
K8+150	192.30	197.64
K8+120	207.15	203.24
K8+090	188.43	189.59
K8+060	183.08	199.05
K8+030	207.18	184.26
K8+000	212.37	196.23
K7+970	186.74	190.13
K7+940	192.50	184.26
K7+910	190.13	204.08

K6+200—K8+200 上基层现场 CBR 值检测结果　　附表 20

桩　号	右侧 CBR 值（%）	左侧 CBR 值（%）
K8+150	245.03	263.97
K8+120	230.28	247.94
K8+090	206.73	187.76
K8+060	237.55	212.94
K8+030	194.53	183.58
K8+000	212.94	215.20
K7+970	195.66	200.57
K7+940	203.23	183.36
K7+910	193.74	196.58
K7+800	195.10	199.32
K7+700	200.32	205.49
K7+600	183.41	178.59
K7+500	197.51	194.38
K7+400	203.45	201.14
K7+300	199.34	196.35
K7+200	201.87	195.58
K7+100	186.47	185.45
K7+000	186.86	188.82
K6+900	183.41	184.33
K6+800	208.57	199.61
K6+700	201.33	209.32
K6+600	190.69	189.54
K6+500	187.59	188.35
K6+400	185.95	186.83
K6+300	192.73	197.74
K6+200	194.84	186.77

（3）回弹模量见附表 21、附表 22。

K7+900—K8+200 下基层回弹模量值检测结果　　附表 21

桩　号	右侧回弹模量（MPa）	左侧回弹模量（MPa）
K8+150	205.25	154.98
K8+120	281.26	105.11
K8+090	253.17	84.15
K8+060	233.67	146.06
K8+030	190.13	134.40
K8+000	192.50	118.20
K7+970	186.74	109.27
K7+940	212.37	109.26
K7+910	207.18	127.10

K6+200—K8+200 上基层回弹模量值 附表 22

桩　　号	右侧回弹模量（MPa）	左侧回弹模量（MPa）
K8+150	212.42	259.63
K8+120	273.66	228.40
K8+090	259.63	294.92
K8+060	237.32	192.26
K8+030	220.12	255.26
K8+000	194.72	182.99
K7+970	174.58	189.85
K7+940	170.65	162.44
K7+910	213.92	231.88
K7+800	191.05	584.16
K7+700	349.16	706.43
K7+600	405.02	243.01
K7+500	326.63	189.85
K7+400	197.25	216.97
K7+300	210.57	251.88
K7+200	303.76	416.12
K7+100	384.51	152.64
K7+000	213.92	197.25
K6+900	370.44	297.81
K6+800	234.74	259.42
K6+700	192.62	230.12
K6+600	188.57	206.64
K6+500	276.51	162.44
K6+400	233.67	158.21
K6+300	189.70	186.24
K6+200	193.26	188.56

（4）路基弯沉见附表 23、附表 24。

K7+900—K8+200 下基层弯沉值检测结果 附表 23

桩　　号	右侧弯沉值（0.01mm）	左侧弯沉值（0.01mm）
K8+150	39	27
K8+120	48	30
K8+090	30	25
K8+060	42	33
K8+030	40	35
K8+000	50	37
K7+970	55	28
K7+940	45	70
K7+910	24	65

K6+200—K8+200 上基层弯沉值检测结果　　附表 24

桩　号	右侧弯沉值(0.01mm)	左侧弯沉值(0.01mm)
K8+150	18	17
K8+120	24	15
K8+090	20	14
K8+060	21	20
K8+030	29	25
K8+000	23	21
K7+970	18	23
K7+940	32	18
K7+910	30	18
K7+800	12	15
K7+700	13	13
K7+600	11	10
K7+500	18	17
K7+400	12	14
K7+300	17	16
K7+200	15	14
K7+100	13	16
K7+000	15	20
K6+900	16	17
K6+800	14	15
K6+700	10	12
K6+600	20	26
K6+500	28	19
K6+400	26	22
K6+300	27	25
K6+200	19	21

附录 4　鞍山桓盖线施工现场检测数据

(1)压实度检测见附表 25。

K276+100—K276+900 压实度检测结果　　附表 25

桩　号	压实度(%)	桩　号	压实度(%)
K276+100	95.61	K276+600	98.04
K276+200	99.05	K276+700	97.00
K276+300	98.44	K276+800	97.51
K276+400	98.35	K276+900	98.65
K276+500	98.72		

（2）现场 CBR 检测见附表 26。

K276+100—K276+900 现场 CBR 值检测结果　　附表 26

桩　号	右侧 CBR 值（%）	左侧 CBR 值（%）
K276+100	181.89	187.70
K276+200	182.00	171.22
K276+300	179.07	179.74
K276+400	210.00	194.08
K276+500	169.87	189.68
K276+600	193.39	185.50
K276+700	180.37	180.42
K276+800	190.70	182.00
K276+900	190.02	191.49

（3）回弹模量见附表 27。

K276+100—K276+900 回弹模量值检测结果　　附表 27

桩　号	右侧回弹模量（MPa）	左侧回弹模量（MPa）
K276+100	180.81	186.36
K276+200	194.72	197.25
K276+300	266.46	257.43
K276+400	210.95	233.67
K276+500	167.83	172.59
K276+600	230.12	244.97
K276+700	189.85	189.85
K276+800	218.54	213.92
K276+900	197.13	189.35

（4）路基弯沉见附表 28。

K276+100—K276+900 弯沉值检测结果　　附表 28

桩　号	右侧弯沉值（0.01mm）	左侧弯沉值（0.01mm）
K276+100	18	17
K276+200	15	15
K276+300	21	19
K276+400	15	14
K276+500	11	8
K276+600	10	7
K276+700	20	14
K276+800	5	11
K276+900	13	14

附录5 抚顺试验路弯沉检测数据

（1）“路面结构1”路段弯沉检测结果见附表29。

“路面结构1”路段弯沉检测结果（2018.7） 附表29

序号	测站（km）	荷载（kPa）	弯沉值（0.001mm）	位置	序号	测站（km）	荷载（kPa）	弯沉值（0.001mm）	位置
1	6.200	701.0	127.5	左侧	32	6.200	712.0	269.2	右侧
2	6.218	714.0	126.5	左侧	33	6.225	697.0	155.6	右侧
3	6.240	704.0	87.9	左侧	34	6.244	699.0	93.5	右侧
4	6.258	699.0	72.7	左侧	35	6.277	704.0	96.3	右侧
5	6.267	697.0	79.4	左侧	36	6.300	696.0	107.9	右侧
6	6.295	701.0	84.0	左侧	37	6.313	700.0	118.8	右侧
7	6.309	701.0	113.1	左侧	38	6.336	706.0	103.8	右侧
8	6.328	702.0	83.8	左侧	39	6.356	715.0	109.0	右侧
9	6.348	710.0	81.1	左侧	40	6.371	703.0	101.2	右侧
10	6.370	696.0	165.9	左侧	41	6.390	707.0	219.4	右侧
11	6.399	699.0	181.5	左侧	42	6.406	709.0	213.4	右侧
12	6.419	700.0	163.2	左侧	43	6.428	707.0	225.4	右侧
13	6.440	700.0	234.3	左侧	44	6.455	702.0	299.8	右侧
14	6.453	695.0	287.7	左侧	45	6.468	704.0	310.0	右侧
15	6.480	701.0	318.0	左侧	46	6.481	699.0	295.2	右侧
16	6.492	696.0	252.7	左侧	47	6.516	703.0	287.8	右侧
17	6.516	698.0	279.7	左侧	48	6.533	702.0	288.2	右侧
18	6.528	706.0	263.9	左侧	49	6.552	696.0	349.2	右侧
19	6.555	699.0	282.0	左侧	50	6.568	703.0	320.5	右侧
20	6.562	700.0	284.3	左侧	51	6.580	718.0	311.7	右侧
21	6.591	700.0	268.9	左侧	52	6.610	711.0	327.1	右侧
22	6.608	698.0	242.3	左侧	53	6.620	710.0	256.2	右侧
23	6.635	699.0	219.9	左侧	54	6.654	705.0	258.9	右侧
24	6.656	706.0	225.3	左侧	55	6.671	702.0	303.8	右侧
25	6.662	701.0	346.3	左侧	56	6.685	705.0	327.0	右侧
26	6.699	704.0	289.3	左侧	57	6.705	708.0	223.2	右侧
27	6.719	705.0	233.5	左侧	58	6.724	697.0	212.8	右侧
28	6.728	703.0	376.7	左侧	59	6.750	698.0	257.1	右侧
29	6.754	694.0	292.1	左侧	60	6.771	704.0	249.6	右侧
30	6.775	701.0	272.6	左侧	61	6.787	702.0	242.3	右侧
31	6.798	704.0	263.4	左侧					
平均值（0.01mm）			22.19	标准差（0.01mm）			8.56	变异系数（%）	38.57

（2）“路面结构 2”路段弯沉检测结果见附表 30。

“路面结构 2”路段弯沉检测结果（2018.7）　附表 30

序号	测站（km）	荷载（kPa）	弯沉值（0.001mm）	位置	序号	测站（km）	荷载（kPa）	弯沉值（0.001mm）	位置
1	6.805	697.0	260.6	左侧	26	6.801	706.0	251.5	右侧
2	6.826	703.0	324.6	左侧	27	6.835	707.0	280.9	右侧
3	6.844	699.0	283.1	左侧	28	6.842	697.0	251.6	右侧
4	6.869	707.0	405.4	左侧	29	6.860	701.0	287.2	右侧
5	6.886	692.0	284.1	左侧	30	6.879	705.0	279.1	右侧
6	6.908	707.0	169.6	左侧	31	6.899	709.0	360.9	右侧
7	6.927	701.0	214.5	左侧	32	6.931	702.0	264.9	右侧
8	6.962	698.0	174.5	左侧	33	6.941	710.0	198.8	右侧
9	6.975	702.0	175.8	左侧	34	6.960	702.0	183.0	右侧
10	7.000	693.0	153.7	左侧	35	6.989	714.0	147.9	右侧
11	7.020	703.0	166.7	左侧	36	7.001	710.0	183.5	右侧
12	7.025	700.0	177.6	左侧	37	7.032	707.0	214.2	右侧
13	7.056	698.0	244.8	左侧	38	7.040	700.0	208.7	右侧
14	7.077	700.0	288.3	左侧	39	7.064	711.0	246.5	右侧
15	7.099	698.0	344.0	左侧	40	7.084	706.0	257.2	右侧
16	7.119	697.0	230.6	左侧	41	7.106	707.0	284.0	右侧
17	7.132	697.0	256.2	左侧	42	7.123	702.0	310.5	右侧
18	7.151	699.0	229.2	左侧	43	7.145	705.0	223.2	右侧
19	7.160	702.0	246.9	左侧	44	7.179	707.0	225.1	右侧
20	7.194	703.0	228.0	左侧	45	7.197	703.0	246.1	右侧
21	7.216	700.0	243.2	左侧	46	7.211	708.0	208.1	右侧
22	7.237	705.0	227.7	左侧	47	7.232	702.0	268.5	右侧
23	7.260	707.0	249.0	左侧	48	7.252	703.0	290.5	右侧
24	7.277	696.0	225.2	左侧	49	7.264	704.0	228.0	右侧
25	7.298	702.0	251.1	左侧	50	7.292	703.0	271.8	右侧
平均值（0.01mm）			24.51	标准差（0.01mm）			5.53	变异系数(%)	22.57

（3）“路面结构 3”路段弯沉检测结果见附表 31。

“路面结构 3”路段弯沉检测结果（2018.7）　附表 31

序号	测站（km）	荷载（kPa）	弯沉值（0.001mm）	位置	序号	测站（km）	荷载（kPa）	弯沉值（0.001mm）	位置
1	7.309	704.0	253.7	左侧	8	7.455	699.0	212.3	左侧
2	7.333	699.0	240.7	左侧	9	7.467	698.0	180.0	左侧
3	7.358	697.0	208.4	左侧	10	7.498	700.0	232.1	左侧
4	7.380	710.0	212.0	左侧	11	7.520	702.0	175.1	左侧
5	7.394	710.0	214.5	左侧	12	7.535	704.0	170.3	左侧
6	7.410	704.0	266.5	左侧	13	7.545	703.0	157.4	左侧
7	7.438	704.0	248.5	左侧	14	7.566	699.0	198.6	左侧

续上表

序号	测站（km）	荷载（kPa）	弯沉值（0.001mm）	位置	序号	测站（km）	荷载（kPa）	弯沉值（0.001mm）	位置
15	7.599	709.0	180.2	左侧	38	7.445	710.0	267.6	右侧
16	7.614	710.0	258.0	左侧	39	7.461	709.0	211.3	右侧
17	7.634	703.0	220.8	左侧	40	7.492	705.0	218.7	右侧
18	7.660	703.0	247.4	左侧	41	7.510	703.0	211.1	右侧
19	7.682	703.0	208.9	左侧	42	7.522	708.0	205.5	右侧
20	7.700	708.0	222.2	左侧	43	7.558	710.0	211.7	右侧
21	7.719	705.0	301.0	左侧	44	7.572	700.0	170.6	右侧
22	7.735	704.0	170.0	左侧	45	7.590	708.0	185.3	右侧
23	7.741	701.0	266.3	左侧	46	7.602	707.0	187.0	右侧
24	7.773	702.0	214.0	左侧	47	7.635	699.0	239.4	右侧
25	7.782	702.0	150.7	左侧	48	7.649	707.0	241.0	右侧
26	7.812	695.0	208.1	左侧	49	7.662	702.0	294.9	右侧
27	7.839	710.0	226.2	左侧	50	7.688	700.0	244.3	右侧
28	7.859	703.0	150.5	左侧	51	7.707	709.0	247.7	右侧
29	7.875	708.0	232.4	左侧	52	7.723	699.0	250.0	右侧
30	7.892	701.0	205.6	左侧	53	7.758	704.0	229.5	右侧
31	7.309	705.0	234.6	右侧	54	7.775	708.0	178.0	右侧
32	7.334	699.0	233.1	右侧	55	7.789	708.0	158.8	右侧
33	7.340	704.0	232.8	右侧	56	7.805	711.0	146.3	右侧
34	7.361	703.0	213.0	右侧	57	7.826	699.0	197.0	右侧
35	7.383	699.0	187.1	右侧	58	7.853	700.0	176.6	右侧
36	7.410	706.0	257.4	右侧	59	7.864	706.0	248.5	右侧
37	7.422	701.0	244.1	右侧	60	7.880	702.0	233.1	右侧
平均值（0.01mm）			21.65	标准差（0.01mm）			3.55	变异系数(%)	16.38

（4）“路面结构 4”路段弯沉检测结果见附表 32。

“路面结构 4”路段弯沉检测结果（2018.7）　　附表 32

序号	测站（km）	荷载（kPa）	弯沉值（0.001mm）	位置	序号	测站（km）	荷载（kPa）	弯沉值（0.001mm）	位置
1	7.912	708.0	238.1	左侧	9	7.925	694.0	251.2	右侧
2	7.942	709.0	240.6	左侧	10	7.956	711.0	264.0	右侧
3	7.956	701.0	252.4	左侧	11	7.973	701.0	262.9	右侧
4	7.957	695.0	278.3	左侧	12	7.991	702.0	288.4	右侧
5	8.000	698.0	245.4	左侧	13	8.001	703.0	262.0	右侧
6	8.010	699.0	223.2	左侧	14	8.036	699.0	256.2	右侧
7	8.042	696.0	184.3	左侧	15	8.039	716.0	227.0	右侧
8	7.910	700.0	220.8	右侧					
平均值（0.01mm）			24.63	标准差（0.01mm）			2.58	变异系数(%)	10.46

(5)“路面结构 5”路段弯沉检测结果见附表 33。

“路面结构 5”路段弯沉检测结果(2018.7)　　附表 33

序号	测站(km)	荷载(kPa)	弯沉值(0.001mm)	位置	序号	测站(km)	荷载(kPa)	弯沉值(0.001mm)	位置
1	8.059	707.0	219.8	左侧	9	8.059	704.0	255.8	右侧
2	8.080	708.0	218.7	左侧	10	8.079	703.0	227.0	右侧
3	8.097	704.0	233.3	左侧	11	8.100	704.0	315.0	右侧
4	8.118	703.0	361.2	左侧	12	8.120	709.0	360.1	右侧
5	8.133	714.0	367.3	左侧	13	8.156	702.0	350.3	右侧
6	8.137	709.0	356.1	左侧	14	8.163	710.0	380.5	右侧
7	8.163	710.0	332.5	左侧	15	8.191	701.0	348.5	右侧
8	8.200	698.0	322.3	左侧	16	8.200	703.0	339.3	右侧
平均值(0.01mm)			31.17	标准差(0.01mm)			5.9	变异系数(%)	18.94

附录 6　抚顺试验路第 1 次检测数据

1. 裂缝检测

本次裂缝检测的所有路段中,路面的裂缝形态均为横向裂缝,没有纵向裂缝以及网状裂缝。

(1)试验路起点前 500m(K5+700—K6+200)全为半刚性路面结构,其检测结果见附表 34。

试验路起点前半刚性路面结构裂缝检测结果(2018.4.1)　　附表 34

序号	断面位置	裂缝长度(m)	裂缝宽度(mm)	裂缝形态	裂缝深度	备注
1	K6+190	7.1	3～5	横向	较浅	半刚性基层
2	K6+155	4.7	3～5	横向	较浅	半刚性基层
3	K6+144	5.5	2～4	横向	较浅	半刚性基层
4	K6+139	2.5	1～3	横向	较浅	半刚性基层
5	K6+131	6.5	4～8	横向	较深	半刚性基层
6	K6+116	7	3～7	横向	较浅	半刚性基层
7	K6+108	7	3～5	横向	较浅	半刚性基层
8	K6+089	5.5	2～4	横向	较深	半刚性基层
9	K6+080	5.3	3～5	横向	较浅	半刚性基层
10	K6+070	5.6	2～4	横向	较浅	半刚性基层
11	K6+060	2.7	1～2	横向	较浅	半刚性基层
12	K6+051	4.2	1～3	横向	较浅	半刚性基层
13	K6+042	3.7	1～2	横向	较浅	半刚性基层
14	K6+026	8	3～5	横向	较浅	半刚性基层

续上表

序号	断面位置	裂缝长度(m)	裂缝宽度(mm)	裂缝形态	裂缝深度	备　注
15	K6+015	4.5	1～2	横向	较浅	半刚性基层
16	K6+005	2.3	1～2	横向	较浅	半刚性基层
17	K5+985	8	6～10	横向	较深	半刚性基层
18	K5+976	8	5～8	横向	较浅	半刚性基层
19	K5+950	2.8	1～2	横向	较浅	半刚性基层
20	K5+946	8	6～10	横向	较深	半刚性基层
21	K5+926	4	2～4	横向	较浅	半刚性基层
22	K5+913	8	3～5	横向	较深	半刚性基层
23	K5+889	8	7～11	横向	较深	半刚性基层
24	K5+866	3.5	1～2	横向	较浅	半刚性基层
25	K5+853	8	8～15	横向	很深	半刚性基层
26	K5+818	8	10～16	横向	很深	半刚性基层
27	K5+784	8	10～16	横向	较浅	半刚性基层
28	K5+770	7.2	5～8	横向	很深	半刚性基层
29	K5+749	8	10～16	横向	很深	半刚性基层
30	K5+718	8	10～16	横向	很深	半刚性基层

此路段的路面破损率 DR 为:

$$DR = 100 \times \frac{w_i A_i}{A} = 100 \times \frac{1 \times 179.6 \times 0.2}{4000} = 0.898(\%)$$

(2)试验路“路面结构 1”(K6+200—K6+800)为倒装式路面结构,其检测结果见附表 35。

“路面结构 1”路段裂缝检测结果(2018.4.1)　　附表 35

序号	断面位置	裂缝长度(m)	裂缝宽度(mm)	裂缝形态	裂缝深度	备　注
1	K6+250	8	2～6	横向	较浅	
2	K6+256	8	2～6	横向	较浅	
3	K6+266	4	1～3	横向	较浅	
4	K6+290	8	10～18	横向	较深	
5	K6+359	7.2	10～14	横向	较深	路缘石开裂
6	K6+451	8	2～4	横向	较浅	
7	K6+483	8	10～18	横向	很深	路缘石开裂
8	K6+577	8	8～14	横向	深	路缘石开裂
9	K6+650	8	8～16	横向	深	
10	K6+759	8	6～14	横向	较浅	

此路段的路面破损率 DR 为:

$$DR = 100 \times \frac{w_i A_i}{A} = 100 \times \frac{1 \times 75.2 \times 0.2}{4800} = 0.313(\%)$$

(3)试验路“路面结构 2”(K6+800—K7+300)为倒装式路面结构,其检测结果见附表 36。

“路面结构 2”路段裂缝检测结果(2018.4.1)　　附表 36

序号	断面位置	裂缝长度(m)	裂缝宽度(mm)	裂缝形态	裂缝深度	备注
1	K6+809	5.4	2 ~ 15	横向	较浅	
2	K6+826	8	6 ~ 10	横向	较深	
3	K6+850	8	5 ~ 8	横向	较浅	
4	K6+856	8	6 ~ 12	横向	较深	
5	K6+991	7.6	3 ~ 6	横向	较浅	路缘石开裂
6	K6+960	8	6 ~ 10	横向	较深	
7	K6+997	8	5 ~ 8	横向	较浅	两侧石开裂
8	K7+027	7.5	3 ~ 5	横向	较浅	
9	K7+083	8	10 ~ 15	横向	较深	一侧开裂
10	K7+163	8	6 ~ 10	横向	较深	一侧开裂
11	K7+197	6.6	3 ~ 5	横向	较浅	
12	K7+198	3.3	3 ~ 5	横向	较浅	
13	K7+211	6.5	4 ~ 6	横向	较浅	右侧石开裂
14	K7+271	8	8 ~ 12	横向	较深	

此路段的路面破损率 DR 为:

$$\mathrm{DR}=100\times\frac{w_iA_i}{A}=100\times\frac{1\times100.9\times0.2}{4000}=0.505(\%)$$

(4)试验路“路面结构 3”路段(K7+300—K7+900)为倒装式路面结构,其检测结果见附表 37。

“路面结构 3”裂缝检测结果(2018.4.1)　　附表 37

序号	断面位置	裂缝长度(m)	裂缝宽度(mm)	裂缝形态	裂缝深度	备注
1	K7+323	8	8 ~ 12	横向	较深	
2	K7+380	8	6 ~ 10	横向	较浅	
3	K7+407	7.2	2 ~ 4	横向	较浅	
4	K7+441	8	5 ~ 8	横向	较浅	右石开裂
5	K7+481	8	1 ~ 3	横向	较浅	
6	K7+542	8	5 ~ 8	横向	较浅	左石开裂
7	K7+597	8	8 ~ 12	横向	较深	左石开裂
8	K7+650	8	5 ~ 8	横向	较深	桥缝
9	K7+702	8	8 ~ 15	横向	较深	
10	K7+756	8	5 ~ 8	横向	较浅	
11	K7+801	8	2 ~ 4	横向	较浅	
12	K7+835	8	3 ~ 5	横向	较浅	
13	K7+876	8	8 ~ 12	横向	较深	
14	K7+890	4	1 ~ 3	横向	较浅	左石开裂

此路段的路面破损率 DR 为：

$$DR = 100 \times \frac{w_i A_i}{A} = 100 \times \frac{1 \times 107.2 \times 0.2}{4800} = 0.447(\%)$$

（5）试验路“路面结构 4”路段（K7+900—K8+050）、“路面结构 5”（K8+050—K8+200）为全柔性基层路面结构，其检测结果为：裂缝为 0，路面破损率为 0。

（6）试验路起点后 300m（K8+200—K8+500）全为半刚性路面结构，其检测结果见附表 38。

试验路起点半刚性路面结构裂缝检测结果（2018.4.1）　　附表 38

序号	断面位置	裂缝长度（m）	裂缝宽度（mm）	裂缝形态	裂缝深度	备　注
1	K8+210	8	5～8	横向	较浅	半刚性基层
2	K8+222	7.5	4～6	横向	较浅	半刚性基层
3	K8+236	7.5	4～6	横向	较浅	半刚性基层
4	K8+245	5.3	1～3	横向	较浅	半刚性基层
5	K8+264	8	5～8	横向	较深	半刚性基层
6	K8+278	7.5	1～3	横向	较浅	半刚性基层
7	K8+314	8	8～15	横向	较深	半刚性基层
8	K8+350	8	6～12	横向	较深	半刚性基层
9	K8+380	8	2～5	横向	较浅	半刚性基层
10	K8+397	8	2～5	横向	较浅	半刚性基层
11	K8+412	7	6～10	横向	较深	半刚性基层
12	K8+418	8	6～10	横向	较浅	半刚性基层
13	K8+453	4.8	1～3	横向	较浅	半刚性基层
14	K8+469	8	10～16	横向	较深	半刚性基层
15	K8+485	5.2	1～3	横向	较浅	半刚性基层

此路段的路面破损率 DR 为：

$$DR = 100 \times \frac{w_i A_i}{A} = 100 \times \frac{1 \times 108.8 \times 0.2}{2400} = 0.907(\%)$$

（7）TLA 试验路路段，检测了 300m（K1+480—K1+780），面层采用 TLA 改性沥青，基层全为半刚性路面结构，其检测结果见附表 39。

TLA 试验路半刚性路面结构裂缝检测结果（2018.4.1）　　附表 39

序号	断面位置	裂缝长度（m）	裂缝宽度（mm）	裂缝形态	裂缝深度	备　注
1	K1+769	8	1～3	横向	较浅	TLA 段
2	K1+752	8	1～2	横向	较浅	TLA 段
3	K1+733	8	6～10	横向	较深	TLA 段
4	K1+683	8	1～3	横向	较浅	TLA 段
5	K1+673	8	5～9	横向	较深	TLA 段
6	K1+661	7.6	1～3	横向	较浅	TLA 段

续上表

序号	断面位置	裂缝长度（m）	裂缝宽度（mm）	裂缝形态	裂缝深度	备　注
7	K1+650	8	3 ～ 7	横向	较深	TLA 段
8	K1+631	8	2 ～ 5	横向	较浅	TLA 段
9	K1+601	8	7 ～ 15	横向	较深	TLA 段
10	K1+586	8	3 ～ 6	横向	较浅	TLA 段
11	K1+574	8	2 ～ 5	横向	较浅	TLA 段
12	K1+563	8	1 ～ 4	横向	较浅	TLA 段
13	K1+544	8	8 ～ 18	横向	较深	TLA 段
14	K1+525	8	3 ～ 8	横向	较浅	TLA 段
15	K1+505	8	3 ～ 5	横向	较浅	TLA 段
16	K1+493	7	3 ～ 7	横向	较浅	TLA 段
17	K1+488	8	5 ～ 15	横向	较深	TLA 段
18	K1+481	4.5	1 ～ 5	横向	较浅	TLA 段

此路段的路面破损率 DR 为：

$$DR = 100 \times \frac{w_i A_i}{A} = 100 \times \frac{1 \times 139.1 \times 0.2}{2400} = 1.15(\%)$$

裂缝检测结论：裂缝的路面破损率从大到小为 TLA、半刚性基层、路面结构一、路面结构三、路面结构二、路面结构四与路面结构五，见附图 1。

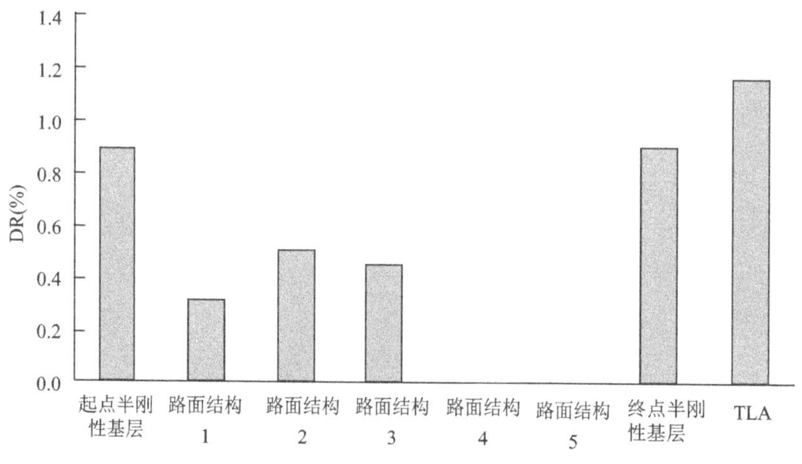

附图 1　抚顺前三线试验路第 1 次检测路面破损率对比图

2. 平整度检测

对于 5 种路面结构，进行平整度检测，其结果如下：

（1）“路面结构 1”（K6+200—K6+800），其结果见附表 40。

"路面结构1"平整度（mm）检测结果（2018.4.1）　　附表40

序号	断面位置	1	2	3	4	5	6	7	8	9	10
1	K6+300	1	0.5	1	0.5	1.5	1.5	1.6	1.3	0.2	0.4
2	K6+350	1	1.1	1.4	1.8	2.2	1.7	2.4	2.6	3.1	2.4
3	K6+400	0.8	0.7	0.4	0.9	1.6	1	1.1	1.3	1.2	2.1
4	K6+450	1.1	1.4	1.2	0.8	1.3	1.4	1.5	1.8	1.4	1.2
5	K6+500	1	1.3	1.2	0.8	0.3	0.6	0.2	0.7	1	0.4
6	K6+550	0.4	0.6	1.2	1.4	1.6	0.8	0.3	0.2	0.3	0.5
7	K6+600	3.8	3.2	3.6	3.5	2.5	3	2.4	2.6	2.2	3
8	K6+650	0.3	0.4	0.5	0.8	0.4	1	0.7	0.4	0.8	0.6
9	K6+700	2.4	1.3	1.6	1.9	2	1.2	1.1	1.4	1.3	1.5
10	K6+750	0.4	0.3	0.2	0.1	0.6	0.8	0.4	0.5	0.3	0.3
11	K6+800	0.3	0.4	0.7	0.5	0.6	0.6	0.7	0.4	0.5	0.2

此路段中路面平整度均值为1.17mm。

（2）"路面结构2"（K6+800—K7+300），其结果见附表41。

"路面结构2"平整度（mm）检测结果（2018.4.1）　　附表41

序号	断面位置	1	2	3	4	5	6	7	8	9	10
1	K6+850	0.5	4	0.6	0.5	0.3	0.2	0.2	0.3	0.4	0.6
2	K6+900	1.2	0.2	0.4	0.2	0.3	0.8	0.4	0.2	0.3	0.3
3	K6+950	3.8	2.8	2.4	2	0.2	1	0.2	0.3	0.4	0.2
4	K7+000	0.8	1	1.1	1.5	1.8	0.2	0.2	0.2	0.2	0.1
5	K7+050	3.8	6.2	6	2.8	1.4	1.7	0.4	0.3	0.2	2
6	K7+100	0.3	0.4	0.2	0.2	0.2	0.3	0.2	0.3	0.2	0.2
7	K7+150	1.4	1.8	1.9	0.2	0.3	0.2	0.2	1	0.2	0.2
8	K7+200	1.4	2.5	2.3	1	0.2	0.3	0.2	0.3	0.2	0.2
9	K7+250	1	2	1.8	1.4	0.4	0.2	1	1	1.1	1.4
10	K7+300	0.2	0.4	0.4	0.2	0.2	0.3	0.2	1	0.4	0.2

此路段中路面平整度均值为0.90mm。

（3）"路面结构3"路段（K7+300—K7+900），其结果见附表42。

"路面结构3"路段平整度（mm）检测结果（2018.4.1）　　附表42

序号	断面位置	1	2	3	4	5	6	7	8	9	10
1	K7+350	1.5	0.4	0.8	1	0.2	1	1.3	0.2	1	0.8
2	K7+400	1	0.8	1.4	1.3	1	0.8	0.4	1	1.1	1
3	K7+450	1	0.4	0.8	0.2	1	1	1.1	0.2	0.3	0.3
4	K7+500	1.1	0.2	0.8	1.2	1.4	1.5	1.3	1	1	0.8
5	K7+550	0.2	0.3	0.2	0.2	0.3	0.2	0.3	0.2	0.3	0.2

续上表

序号	断面位置	1	2	3	4	5	6	7	8	9	10
6	K7+600	0.8	1	0.8	0.8	1	0.6	0.8	1	1	0.8
7	K7+650	1.8	1	0.8	0.4	0.2	1	0.4	0.4	0.6	1.5
8	K7+700	0.8	0.8	1	0.4	0.2	0.3	0.2	0.2	0.3	0.4
9	K7+750	0.2	0.3	0.2	0.3	0.2	0.4	0.2	0.3	0.2	0.2
10	K7+800	1	0.4	0.4	0.6	0.8	1.6	1.8	0.3	0.3	0.3
11	K7+850	2.1	2.2	1.5	0.8	0.4	0.2	0.3	0.3	0.8	0.2
12	K7+900	0.2	0.4	0.3	0.2	0.2	0.3	0.2	0.2	1.2	1.2

此路段中路面平整度均值为0.68mm。

（4）“路面结构4”路段（K7+900—K8+050），其结果见附表43。

“路面结构4”路段平整度（mm）**检测结果**（2018.4.1） 附表43

序号	断面位置	1	2	3	4	5	6	7	8	9	10
1	K7+950	1	0.4	0.4	0.2	0.2	0.2	0.2	0.3	0.2	0.2
2	K8+000	1.2	0.4	0.6	0.4	0.3	0.2	0.3	0.2	1.2	1.3
3	K8+050	2.5	2	1	0.4	0.8	0.8	0.6	0.2	0.3	0.2

此路段中路面平整度均值为0.61mm。

（5）“路面结构5”路段（K8+050—K8+200），其结果见附表44。

“路面结构5”路段平整度（mm）**检测结果**（2018.4.1） 附表44

序号	断面位置	1	2	3	4	5	6	7	8	9	10
1	K8+100	0.2	0.4	0.5	0.4	0.3	0.3	0.2	0.3	1	1.2
2	K8+150	1.1	1.7	1.6	0.4	0.4	0.5	0.4	0.3	0.3	0.3
3	K8+200	6.4	3.8	1.5	0.6	0.6	0.8	2	4.5	3.5	1

此路段中路面平整度均值为1.22mm。

路面平整度检测结论：各路面平整度的均值从大到小为路面结构五、路面结构一、路面结构二、路面结构三、路面结构四，其对比图见附图2。

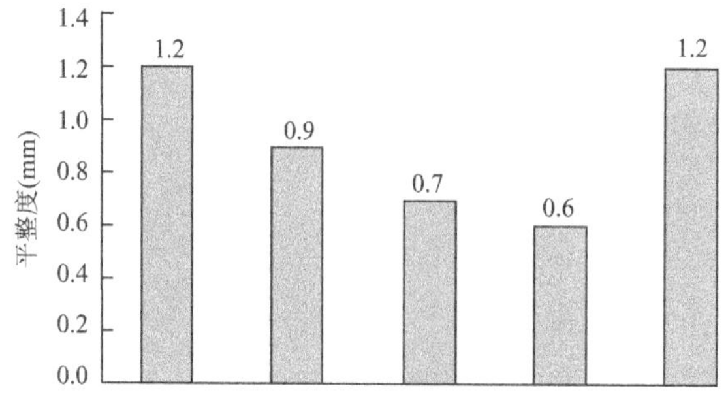

附图2 抚顺前三线试验路第一次检测路面平整度对比图

附录 7　抚顺前三线试验路第 2 次检测数据

1. 裂缝检测

本次裂缝检测的所有路段中，路面的裂缝形态均为横向裂缝，没有纵向裂缝以及网状裂缝。

（1）试验路起点前 500m（K5+700—K6+200）全为半刚性路面结构，其检测结果见附表 45。

试验路起点前半刚性路面结构裂缝检测结果（2018.9.9）　　附表 45

序号	断面位置	裂缝长度（m）	裂缝宽度（mm）	裂缝形态	裂缝深度	备　注
1	K6+199	8	4 ～ 8	横向	较浅	新裂缝
2	K6+190	7	8 ～ 10	横向	较深	
3	K6+155	6	4 ～ 8	横向	较浅	
4	K6+144	6	2 ～ 4	横向	较浅	
5	K6+139	3	1 ～ 3	横向	较浅	
6	K6+131	6	4 ～ 6	横向	较浅	
7	K6+116	6	4 ～ 8	横向	较浅	
8	K6+108	6	4 ～ 6	横向	较浅	
9	K6+089	6	3 ～ 5	横向	较浅	
10	K6+080	6	3 ～ 5	横向	较浅	
11	K6+070	8	2 ～ 4	横向	较浅	
12	K6+060	3	1 ～ 2	横向	较浅	
13	K6+051	3	1 ～ 3	横向	较浅	
14	K6+042	6	2 ～ 4	横向	较浅	
15	K6+026	8	2 ～ 4	横向	较浅	
16	K6+015	6	1 ～ 3	横向	较浅	
17	K6+005	2	1 ～ 2	横向	较浅	
18	K5+985	8	5 ～ 8	横向	较深	
19	K5+976	8	3 ～ 5	横向	较浅	
20	K5+950			横向		裂缝愈合
21	K5+946	6	4 ～ 8	横向	较深	
22	K5+926	6	2 ～ 4	横向	较浅	
23	K5+913	8	4 ～ 8	横向	较深	
24	K5+889	8	8 ～ 12	横向	较深	
25	K5+866	4	1 ～ 3	横向	较浅	
26	K5+853	8	8 ～ 15	横向	很深	
27	K5+818	8	10 ～ 16	横向	很深	
28	K5+784	8	8 ～ 12	横向	较浅	
29	K5+770	6	4 ～ 6	横向	很深	
30	K5+749	8	6 ～ 10	横向	很深	
31	K5+728	6	2 ～ 4	横向	较浅	新裂缝
32	K5+718	8	10 ～ 16	横向	很深	

在此路段中路面破损率 DR 为：

$$DR = 100 \times \frac{w_i A_i}{A} = 100 \times \frac{1 \times 196 \times 0.2}{4000} = 0.98(\%)$$

（2）试验路“路面结构 1”路段（K6+200—K6+800）为倒装式路面结构，其检测结果见附表 46。

“路面结构 1”路段裂缝检测结果（2018.9.9）　附表 46

序号	断面位置	裂缝长度（m）	裂缝宽度（mm）	裂缝形态	裂缝深度	备　注
1	K6+250	8	2～5	横向	较浅	
2	K6+256	8	2～5	横向	较浅	
3	K6+266	4	1～2	横向	较浅	
4	K6+290	8	3～7	横向	较深	
5	K6+359	8	10～14	横向	较深	路缘石开裂
6	K6+451	3	1～2	横向	较浅	
7	K6+483	8	8～12	横向	很深	右石开裂
8	K6+577	8	6～10	横向	较深	左石开裂
9	K6+650	8	8～12	横向	较深	
10	K6+759	8	6～8	横向	较浅	

在此路段中路面破损率 DR 为：

$$DR = 100 \times \frac{w_i A_i}{A} = 100 \times \frac{1 \times 71 \times 0.2}{4800} = 0.295(\%)$$

（3）试验路“路面结构 2”路段（K6+800—K7+300）为倒装式路面结构，其检测结果见附表 47。

“路面结构 2”路段裂缝检测结果（2018.9.9）　附表 47

序号	断面位置	裂缝长度（m）	裂缝宽度（mm）	裂缝形态	裂缝深度	备　注
1	K6+809	3	2～4	横向	较浅	
2	K6+826	8	8～12	横向	较深	
3	K6+850	8	5～8	横向	较浅	
4	K6+856			横向		裂缝愈合
5	K6+991	8	4～6	横向	较浅	路缘石开裂
6	K6+960	8	6～10	横向	较深	
7	K6+991	8	6～10	横向	较深	
8	K7+027	8	2～4	横向	较浅	
9	K7+083	8	8～12	横向	较深	两侧开裂
10	K7+163	8	8～12	横向	较深	一侧开裂
11	K7+197	6	4～6	横向	较浅	左侧缘石开裂
12	K7+198	3	2～4	横向	较浅	右侧缘石开裂
13	K7+211	5	1～3	横向	很浅	右侧缘石开裂
14	K7+271	8	6～10	横向	较深	

在此路段中路面破损率 DR 为：

$$DR = 100 \times \frac{w_i A_i}{A} = 100 \times \frac{1 \times 89 \times 0.2}{4000} = 0.445(\%)$$

（4）试验路“路面结构 3”路段（K7+300—K7+900）为倒装式路面结构，其检测结果见附表 48。

“路面结构 3”路段裂缝检测结果（2018.9.9）　　附表 48

序号	断面位置	裂缝长度（m）	裂缝宽度（mm）	裂缝形态	裂缝深度	备　注
1	K7+323	8	8～12	横向	较深	
2	K7+380	8	6～10	横向	较浅	
3	K7+407	7.2	2～4	横向	较浅	
4	K7+441	8	5～8	横向	较浅	右石开裂
5	K7+481	8	1～3	横向	较浅	
6	K7+542	8	5～8	横向	较浅	左石开裂
7	K7+597	8	8～12	横向	较深	左石开裂
8	K7+650	8	5～8	横向	较深	桥缝
9	K7+702	8	8～15	横向	较深	
10	K7+756	8	5～8	横向	较浅	
11	K7+801	8	2～4	横向	较浅	
12	K7+835	8	3～5	横向	较浅	
13	K7+876	8	8～12	横向	较深	
14	K7+890	4	1～3	横向	较浅	左石开裂

在此路段中路面破损率 DR 为：

$$DR = 100 \times \frac{w_i A_i}{A} = 100 \times \frac{1 \times 102 \times 0.2}{4800} = 0.425(\%)$$

（5）试验路“路面结构 4”路段（K7+900—K8+050）、“路面结构 5”路段（K8+050—K8+200）为基层全柔性路面结构，其检测结果为：裂缝为 0，裂缝的总裂度同样为 0。

（6）试验路起点后 300m（K8+200—K8+500）全为半刚性路面结构，其检测结果见附表 49。

试验路起点后半刚性路面结构裂缝检测结果（2018.9.9）　　附表 49

序号	断面位置	裂缝长度（m）	裂缝宽度（mm）	裂缝形态	裂缝深度	备　注
1	K8+210	8	5～8	横向	较深	半刚性基层
2	K8+222	8	2～4	横向	较浅	半刚性基层
3	K8+236	7.5	4～6	横向	较浅	半刚性基层
4	K8+245	6	3～5	横向	较浅	半刚性基层
5	K8+249	5	2～4	横向	较浅	半刚性基层
6	K8+264	8	8～14	横向	较深	半刚性基层
7	K8+278	6	2～4	横向	较浅	半刚性基层

续上表

序号	断面位置	裂缝长度(m)	裂缝宽度(mm)	裂缝形态	裂缝深度	备注
8	K8+314	8	8～12	横向	较深	半刚性基层
9	K8+350	8	8～12	横向	较深	半刚性基层
10	K8+380	8	2～5	横向	较浅	半刚性基层
11	K8+397	8	3～5	横向	较浅	半刚性基层
12	K8+412	6	3～5	横向	较深	半刚性基层
13	K8+418	8	2～4	横向	较浅	半刚性基层
14	K8+453	4.8	1～3	横向	较浅	半刚性基层
15	K8+469	8	10～16	横向	较深	半刚性基层

在此路段中路面破损率 DR 为：

$$DR = 100 \times \frac{w_i A_i}{A} = 100 \times \frac{1 \times 107.3 \times 0.2}{2400} = 0.894(\%)$$

路面破损率对比如附图 3 所示。

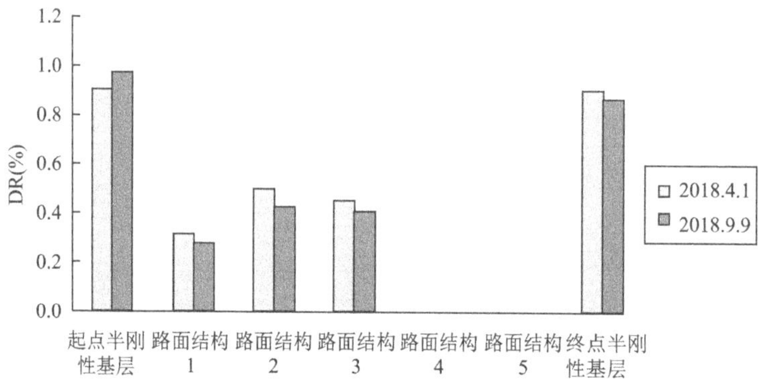

附图 3 抚顺前三线试验路第 2 次检测路面破损率对比图

2. 平整度检测

对于 5 种路面结构，进行平整度检测，其结果如下：

(1)“路面结构 1”路段(K6+200—K6+800)，其结果见附表 50。

“路面结构 1”路段平整度(mm)检测结果(2018.9.9) 附表 50

序号	断面位置	1	2	3	4	5	6	7	8	9	10
1	K6+200	4	2.8	2	1.6	1	1	1	1	1	1
2	K6+300	9.8	6.8	4	2.4	2.6	2.4	2	2.8	3	2
3	K6+400	1.4	1.4	1	2	2.4	2.8	3	3.4	4	3.4
4	K6+500	3.8	2.4	6.4	1.8	3.8	1	2.4	3	4	4.4
5	K6+600	6.4	4	3.6	2.8	1.8	1.4	1	1.2	3.3	2.4
6	K6+700	1	1	0.8	1.6	1.4	1.2	1.6	2	2	1.4

此路段中路面平整度均值为 2.57mm。

(2)“路面结构 2”路段(K6+800—K7+300)，其结果见附表 51。

"路面结构 2"路段平整度（mm）检测结果（2018.9.9）　　附表 51

序号	断面位置	1	2	3	4	5	6	7	8	9	10
1	K6+800	4.2	3.8	3	2.8	2	1.6	1	1	1	1
2	K6+900	6.4	5.8	4.8	4	3.8	3	1.6	1.4	1.6	0.8
3	K7+000	3.4	2	1	0.8	1.4	1	1	1	0.8	1.8
4	K7+100	4.4	2.8	2	1.4	1	1	1	1	1.4	1
5	K7+200	3.4	3	2	1.6	1.4	1	1	2.4	2	1.8

此路段中路面平整度均值为 2.11mm。

（3）"路面结构 3"路段（K7+300—K7+900），其结果见附表 52。

"路面结构 3"路段平整度（mm）检测结果（2018.9.9）　　附表 52

序号	断面位置	1	2	3	4	5	6	7	8	9	10
1	K7+300	2.2	1	0.8	0.8	0.8	0.8	1	1	1	1
2	K7+400	4.6	3.6	2.8	2	1	1.2	1	1	1.4	1.4
3	K7+500	3.4	2.8	2	1.6	1.4	1.4	1	1.4	1.4	1.2
4	K7+600	1.4	1	0.8	0.8	1	1.4	1.6	2	2	2.3
5	K7+700	2.6	4	5.2	5.4	6.2	7.4	7	7.4	6.6	1
6	K7+800	1.6	1.4	1.4	1.4	1	1	1	1	0.8	1.2
7	K7+900	6.8	5	4	3.6	3	2.8	2.4	2	1	3

此路段中路面平整度均值为 2.293mm。

（4）"路面结构 4"路段（K7+900—K8+050），其结果见附表 53。

"路面结构 4"路段平整度（mm）检测结果（2018.9.9）　　附表 53

序号	断面位置	1	2	3	4	5	6	7	8	9	10
1	K7+950	6.6	4.4	3.4	2.4	1.8	1.4	1.4	2	1.6	3.8
2	K8+000	7	5.4	4	3.2	2.4	1.8	2.4	3.6	4.4	5.8
3	K8+050	5	4	3	2	1	1	1.4	1	2	3

此路段中路面平整度均值为 3.07mm。

（5）"路面结构 5"路段（K8+050—K8+200），其结果见附表 54。

"路面结构 5"路段平整度（mm）检测结果（2018.9.9）　　附表 54

序号	断面位置	1	2	3	4	5	6	7	8	9	10
1	K8+100	7	6	3.4	2	2.8	2.4	2	2	2	1.6
2	K8+150	1.8	1	2.6	3	6	4.8	1	1.6	2	3
3	K8+200	3	2.6	2.8	2.4	2.8	2.5	2.5	2.4	2.6	2.4

此路段中路面平整度均值为 2.8mm。

路面平整度对比如附图4所示。

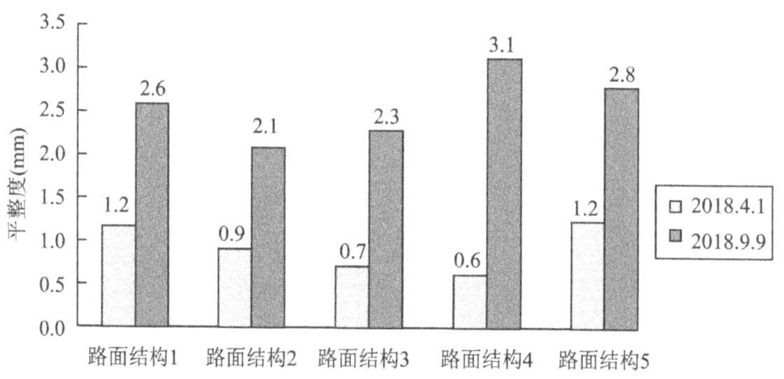

附图4　抚顺前三线试验路第2次检测路面平整度对比图

附录8　抚顺前三线试验路第3次检测数据

1. 裂缝检测

经过两次不利季节，路面的裂缝形态比前两次检测有所发展，出现了一定的纵向裂缝。

（1）试验路起点前500m（K5+700—K6+200）全为半刚性路面结构，其检测结果见附表55。

试验路起点前半刚性路面结构裂缝检测结果（2019.4.18）　　附表55

序号	断面位置	裂缝长度（m）	裂缝宽度（mm）	裂缝形态	裂缝深度	备注
1	K6+199	8	4～8	横向	较浅	
2	K6+190	7	8～10	横向	较深	
3	K6+184	6	3～5	横向	较浅	新裂缝
4	K6+155	6	3～5	横向	较浅	
5	K6+144	6	4～6	横向	较深	裂缝发展
6	K6+139	4	2～4	横向	较浅	裂缝发展
7	K6+131	6	4～6	横向	较浅	
8	K6+126	7	4～6	横向	较浅	新裂缝
9	K6+116	7	4～8	横向	较浅	
10	K6+108	6	4～6	横向	较浅	
11	K6+100	6	4～8	横向	较浅	新裂缝
12	K6+100～089	11	1～3	纵向	较浅	新裂缝
13	K6+089	6	3～5	横向	较浅	
14	K6+089～087	2	2～4	纵向	较浅	新裂缝
15	K6+080	6	3～5	横向	较浅	新裂缝
16	K6+077	6	3～5	纵向	较浅	新裂缝
17	K6+074～078	4	4～6	纵向	较浅	新裂缝

续上表

序号	断面位置	裂缝长度(m)	裂缝宽度(mm)	裂缝形态	裂缝深度	备　注
18	K6+070	8	4～6	纵向	较浅	裂缝发展
19	K6+060	6	4～6	横向	较浅	裂缝发展
20	K6+051	6	4～6	横向	较深	裂缝发展
21	K6+042	7	4～6	横向	较浅	裂缝发展
22	K6+034	7	4～6	横向	较浅	新裂缝
23	K6+026	8	5～8	横向	较深	裂缝发展
24	K6+022	8	3～5	横向	较浅	新裂缝
25	K6+015	5	5～8	横向	较深	裂缝发展
26	K6+005	7	4～6	横向	较浅	裂缝发展
27	K5+999	7	3～5	横向	较浅	裂缝发展
28	K5+985	8	4～6	横向	较深	
29	K5+976	6	4～6	横向	较浅	裂缝愈合
30	K5+970	3	1～3	横向	微小	新裂缝
31	K5+965	5	2～4	横向	微小	新裂缝
32	K5+956	8	5～8	横向	较深	新裂缝
33	K5+940	8	4～8	横向	较深	新裂缝
34	K5+926	7	3～5	横向	较浅	裂缝发展
35	K5+918	7	3～5	横向	较浅	新裂缝
36	K5+913	8	4～8	横向	较深	
37	K5+895	7	3～5	横向	较浅	新裂缝
38	K5+889	8	6～10	横向	较深	
39	K5+866	4	1～3	横向	较浅	
40	K5+853	8	5～8	横向	较深	
41	K5+818	8	8～10	横向	较深	
42	K5+805	3	2～4	横向	微小	新裂缝
43	K5+784	8	8～10	横向	较深	裂缝发展
44	K5+770	8	8～10	横向	较深	裂缝发展
45	K5+757	2	1～3	横向	微小	新裂缝
46	K5+749	8	6～10	横向	较深	
47	K5+728	8	4～6	横向	较深	裂缝发展
48	K5+718	8	8～10	横向	较深	
49	K5+705	3	1～3	横向	微小	新裂缝

在此路段中路面破损率 DR 为：

$$\mathrm{DR}=100\times\frac{w_i A_i}{A}=100\times\frac{1\times236\times0.2}{4000}=1.18(\%)$$

(2)试验路“路面结构 1”路段(K6+200—K6+800)为倒装式路面结构，其检测结果见附表 56。

“路面结构 1”路段裂缝检测结果（2019.4.18） 附表 56

序号	断面位置	裂缝长度（m）	裂缝宽度（mm）	裂缝形态	裂缝深度	备注
1	K6+250	8	3 ～ 5	横向	较深	裂缝发展
2	K6+256					裂缝愈合
3	K6+266	8	3 ～ 5	横向	较深	裂缝发展
4	K6+282	6	3 ～ 5	横向	较浅	新裂缝
5	K6+290	8	8 ～ 12	横向	很深	裂缝发展
6	K6+359	8	10 ～ 14	横向	很深	右石开裂
7	K6+451	8	8 ～ 12	横向	较深	裂缝发展，右石开裂
8	K6+483	8	8 ～ 14	横向	很深	裂缝发展，右石开裂
9	K6+577	8	8 ～ 12	横向	很深	裂缝发展，右石开裂
10	K6+650	8	8 ～ 12	横向	较深	
11	K6+681	8	3 ～ 5	横向	较深	新裂缝
12	K6+759	8	8 ～ 10	横向	较深	裂缝发展

在此路段中路面破损率 DR 为：

$$DR = 100 \times \frac{w_i A_i}{A} = 100 \times \frac{1 \times 78 \times 0.2}{4800} = 0.325(\%)$$

（3）试验路“路面结构 2”路段（K6+800—K7+300）为倒装式路面结构，其检测结果见附表 57。

“路面结构 2”路段裂缝检测结果（2019.4.18） 附表 57

序号	断面位置	裂缝长度（m）	裂缝宽度（mm）	裂缝形态	裂缝深度	备注
1	K6+801	3	1 ～ 2	横向	微小	新裂缝
2	K6+809	6	3 ～ 5	横向	较浅	裂缝发展
3	K6+826	8	8 ～ 12	横向	较深	裂缝发展
4	K6+850	8	8 ～ 12	横向	较深	裂缝发展
5	K6+865	6	2 ～ 4	横向	较浅	新裂缝
6	K6+856			横向		裂缝愈合
7	K6+960	8	8 ～ 12	横向	较深	裂缝发展
8	K6+991	8	6 ～ 10	横向	较深	
9	K6+991	8	6 ～ 10	横向	较深	
10	K7+027	8	6 ～ 10	横向	较浅	裂缝发展
11	K7+083	8	8 ～ 12	横向	较深	两侧石开裂
12	K7+120	6	2 ～ 4	横向	较浅	新裂缝，右石开裂
13	K7+163	8	8 ～ 12	横向	较深	右石开裂
14	K7+183	6	2 ～ 4	横向	较浅	新裂缝
15	K7+197	7	4 ～ 6	横向	较浅	左石开裂
16	K7+198	3	2 ～ 4	横向	较浅	右石开裂
17	K7+211	7	5 ～ 8	横向	较深	裂缝发展，右石开裂
18	K7+222	7	2 ～ 4	横向	较浅	新裂缝
19	K7+271	8	6 ～ 10	横向	较深	

在此路段中路面破损率 DR 为：

$$DR = 100 \times \frac{w_i A_i}{A} = 100 \times \frac{1 \times 123 \times 0.2}{4000} = 0.615(\%)$$

（4）试验路“路面结构 3”路段（K7+300—K7+900）为倒装式路面结构，其检测结果见附表 58。

“路面结构 3”路段裂缝检测结果（2019.4.18）　　附表 58

序号	断面位置	裂缝长度（m）	裂缝宽度（mm）	裂缝形态	裂缝深度	备　注
1	K7+300	3	1～2	横向	微小	新裂缝
2	K7+323	8	8～12	横向	较深	
3	K7+346	7	2～4	横向	较浅	新裂缝
4	K7+380	8	8～12	横向	较浅	裂缝发展
5	K7+407	8	5～8	横向	较浅	裂缝发展
6	K7+441	8	6～10	横向	较深	右石开裂
7	K7+481	8	5～8	横向	较深	裂缝发展
8	K7+542	8	5～8	横向	较浅	左石开裂
9	K7+597	8	8～12	横向	较深	左石开裂
10	K7+610	7	2～4	横向	较浅	新裂缝
11	K7+622	6	2～4	横向	较浅	新裂缝
12	K7+650	8	6～10	横向	较深	裂缝发展
13	K7+680	8	3～5	横向	较浅	新裂缝
14	K7+702	8	8～12	横向	较深	
15	K7+756	8	5～8	横向	较深	
16	K7+801	8	4～6	横向	较深	裂缝发展
17	K7+835	8	4～6	横向	较浅	
18	K7+876	8	5～8	横向	较浅	裂缝减小
19	K7+890	8	4～6	横向	较浅	裂缝发展

在此路段中路面破损率 DR 为：

$$DR = 100 \times \frac{w_i A_i}{A} = 100 \times \frac{1 \times 143 \times 0.2}{4800} = 0.596(\%)$$

（5）试验路“路面结构 4”路段（K7+900—K8+050）、“路面结构 5”（K8+050—K8+200）为全柔性基层路面结构，“路面结构 4”出现一条裂缝（附表 59），“路面结构 5”依旧没有裂缝。

“路面结构 4”路段裂缝检测结果（2019.4.18）　　附表 59

序号	断面位置	裂缝长度（m）	裂缝宽度（mm）	裂缝形态	裂缝深度	备　注
1	K7+993	8	1～3	横向	较浅	新

在此路段中路面破损率 DR 为：

$$DR = 100 \times \frac{w_i A_i}{A} = 100 \times \frac{1 \times 8 \times 0.2}{1200} = 0.067(\%)$$

(6)试验路起点后 300m(K8+200—K8+500)全为半刚性路面结构，其检测结果见附表 60。

试验路起点后半刚性路面结构裂缝检测结果 附表 60

序号	断面位置	裂缝长度(m)	裂缝宽度(mm)	裂缝形态	裂缝深度	备注
1	K8+210	8	6～10	横向	较深	裂缝发展
2	K8+217	3	1～3	横向	微小	新裂缝
3	K8+222	8	3～5	横向	较浅	裂缝发展
4	K8+236	8	5～8	横向	较浅	裂缝发展
5	K8+245	7	4～6	横向	较浅	
6	K8+249	7	3～5	横向	较浅	裂缝发展
7	K8+264	8	6～10	横向	较深	
8	K8+278	7	3～5	横向	较浅	裂缝发展
9	K8+285	6	2～4	横向	微小	新裂缝
10	K8+291	5	2～4	横向	微小	新裂缝
11	K8+314	8	6～10	横向	较深	
12	K8+325	3	1～3	横向	微小	新裂缝
13	K8+331	3	1～3	横向	微小	新裂缝
14	K8+334	8	3～5	横向	较浅	新裂缝，右石开裂
15	K8+350	8	6～10	横向	较深	
16	K8+360	6	3～5	横向	较浅	新裂缝
17	K8+371	7	2～4	横向	微小	新裂缝
18	K8+380	8	5～8	横向	较深	裂缝发展
19	K8+390	6	1～3	横向	微小	新裂缝
20	K8+397	8	4～6	横向	较浅	裂缝发展
21	K8+408	7	1～3	横向	微小	新裂缝
22	K8+412	7	4～6	横向	较深	裂缝发展
23	K8+418	8	4～6	横向	较浅	裂缝发展
24	K8+428	6	1～3	横向	微小	新裂缝
25	K8+439	6	2～4	横向	微小	新裂缝
26	K8+446	8	4～6	横向	较深	新裂缝
27	K8+449	6	1～3	横向	微小	新裂缝
28	K8+453	7	1～3	横向	较浅	新裂缝
29	K8+453～459	4	2～4	纵向	较浅	新裂缝
30	K8+469	8	10～16	横向	很深	
31	K8+480	7	2～4	横向	较浅	新裂缝
32	K8+489	6	2～4	横向	较浅	新裂缝
33	K8+499	7	2～4	横向	较浅	新裂缝

在此路段中路面破损率 DR 为：

$$DR = 100 \times \frac{w_i A_i}{A} = 100 \times \frac{1 \times 219 \times 0.2}{2400} = 1.825(\%)$$

路面破损率对比如附图 5 所示。

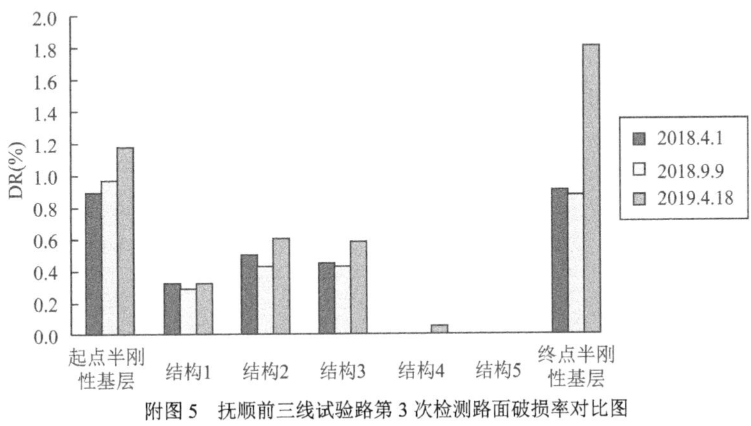

附图 5　抚顺前三线试验路第 3 次检测路面破损率对比图

2. 平整度检测

对于 5 种路面结构，进行平整度检测，其结果如下：

（1）“路面结构 1”路段（K6+200—K6+800），其结果见附表 61。

“路面结构 1”路段平整度（mm）检测结果（2019.4.18）　　附表 61

序号	断面位置	1	2	3	4	5	6	7	8	9	10
1	K6+200	8	5	4	5.8	4.6	4.6	4	3.6	3.6	3.4
2	K6+300	1	5.4	7.4	7.2	5.4	2.6	4	3	2.2	4
3	K6+400	4.6	2.6	2.8	2	2.1	3.2	5.4	5.6	4.6	3.2
4	K6+500	4.1	1.4	1.6	0.8	5.6	6	1.6	2.6	1.8	1.2
5	K6+600	6	4.8	1	4	4.6	5.6	6	3.4	3.2	4.8
6	K6+700	4	2.4	3.2	1.8	2	4.6	4.6	5.8	3.6	2.8

此路段中路面平整度均值为 3.83mm。

（2）“路面结构 2”路段（K6+800—K7+300），其结果见附表 62。

“路面结构 1”路段平整度（mm）检测结果（2019.4.18）　　附表 62

序号	断面位置	1	2	3	4	5	6	7	8	9	10
1	K6+800	5.6	6.2	3	2.6	4	2.8	3.4	2.8	3.8	2.4
2	K6+900	4.6	3.8	3.4	3.8	3.8	3.2	2.6	2.6	2.8	2.6
3	K7+000	2.6	2.8	3	4.6	3.4	3.8	2	2.6	2	2.6
4	K7+100	4.8	2.6	3.8	3.2	4.6	4.6	5.8	2.8	2.2	2.6
5	K7+200	2.6	3.2	3.8	3.4	3.4	3.8	2.6	2.8	2	2.8

此路段中路面平整度均值为 3.32mm。

（3）“路面结构 3”路段（K7+300—K7+900），其结果见附表 63。

"路面结构 3"路段平整度(mm)检测结果(2019.4.18) 附表 63

序号	断面位置	1	2	3	4	5	6	7	8	9	10
1	K7+300	3.6	2.6	3.4	1.2	1.8	3.2	4.2	4.2	2	2.4
2	K7+400	4	2.6	5.4	4	4.6	3	3.4	2.8	3.6	3
3	K7+500	6.4	5.4	4.2	4.8	3.8	3.8	3.6	5	4.2	5.6
4	K7+600	5.4	3.8	3	3.6	5.6	5	3.8	3.8	3.4	5.4
5	K7+700	4.2	4.6	2.6	3	3.8	3.4	2.2	3.8	3.2	2.4
6	K7+800	2	5	5	4	2.6	2.8	2.6	3	2.4	3.6
7	K7+900	3.4	2	2.8	2	2.4	2.2	2.4	2.4	3.4	3.8

此路段中路面平整度均值为 3.53mm。

(4)"路面结构 4"路段(K7+900—K8+050),其结果见附表 64。

"路面结构 4"路段平整度(mm)检测结果(2019.4.18) 附表 64

序号	断面位置	1	2	3	4	5	6	7	8	9	10
1	K7+950	10	8.8	3.2	5.2	6.4	4.6	5	5.6	3.4	6.6
2	K8+000	7.2	7	5	4.2	7	5.6	1.6	3.2	3.8	2.4
3	K8+050	10.4	5.6	3.4	4.2	5.2	5	7	3.4	2.8	3.2

此路段中路面平整度均值为 5.20mm。

(5)"路面结构 5"路段(K8+050—K8+200),其结果见附表 65。

"路面结构 5"路段平整度(mm)检测结果(2019.4.18) 附表 65

序号	断面位置	1	2	3	4	5	6	7	8	9	10
1	K8+100	6	4.8	2.2	2.4	5.2	2.8	2.2	2.8	4.4	4.8
2	K8+150	6.8	6.2	5.4	5.2	5.8	5.2	6.8	6.2	3.6	3.8
3	K8+200	8.6	4.8	2.8	5.2	5.4	6.2	6.8	4.8	3.6	6.6

此路段中路面平整度均值为 4.92mm。

路面平整度对比如附图 6 所示。

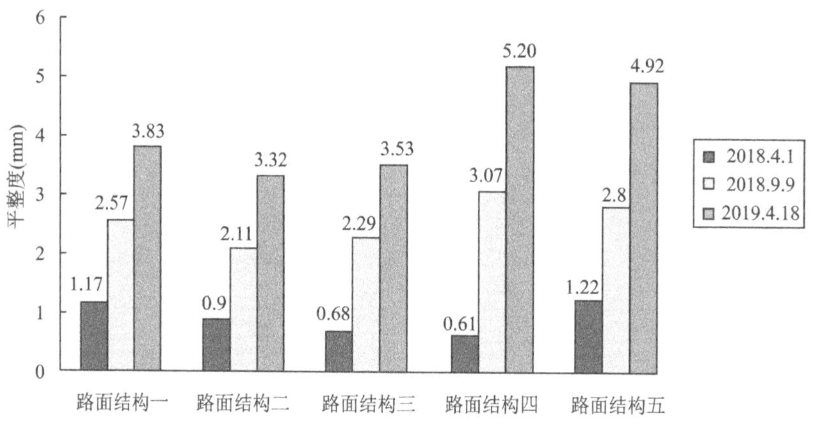

附图 6 抚顺前三线试验路第 3 次检测路面平整度对比图

附录 9 抚顺前三线试验路第 4 次检测数据

（1）起点半刚性基层沥青路面（K6+200—K5+700）平整度检测，其结果见附表 66。

起点半刚性基层路段平整度（mm）检测结果（2019.5.13）　附表 66

序号	断面位置	1	2	3	4	5	6	7	8	9	10
1	K6+200	2	1.6	2.4	3.8	4	3.6	3.4	3.4	2.8	3.2
2	K6+150	1	1	1.4	4.2	3	2	1	1.6	1.6	1.2
3	K6+100	3	2.6	2.4	1.4	4	3.4	1	3	2.8	2.6
4	K6+50	1	1.6	1.8	1	1.6	1.8	1.6	1	2.4	1.6
5	K6+000	3	2.4	1.4	1.4	2.6	3	2.8	1.8	1.6	1
6	K5+950	2.2	1.4	2.4	2.2	2.4	1.8	1.4	3.6	3	2.8
7	K5+900	1.6	1.4	4	3.8	3.6	2.4	2	1.6	1.6	2
8	K5+850	4.6	4.2	3.6	3.4	3	2.4	1.2	1	3	3.2
9	K5+800	6	5	4.8	4.4	3	2.8	1.6	1.6	1.8	1.8
10	K5+750	3.8	3.2	3	2.6	2	4	3.2	3.4	3.8	3
11	K5+700	1.8	1.6	2	6	5	4.6	4.4	4.4	3	2

此路段中路面平整度均值为 2.61mm。

（2）终点半刚性基层沥青路面（K8+200—K8+500）平整度检测，其结果见附表 67。

终点半刚性基层路段平整度（mm）检测结果（2019.5.13）　附表 67

序号	断面位置	1	2	3	4	5	6	7	8	9	10
1	K8+200	1.4	1.6	1.8	2	1.6	2.6	3	3	2.8	3
2	K8+250	2	3	3	2	2	1.8	1.6	2.4	2.4	2.8
3	K8+300	3.8	3.6	3.6	2.4	2	4	5	5	5.6	3.8
4	K8+350	3.8	2.6	2	1	2.6	4	3.6	3	2.4	3.6
5	K8+400	5.4	4	3	2	2	3	2	3	2	1.8
6	K8+450	5.2	4	3.8	4	3.6	3	2	2.8	3.4	4.8
7	K8+500	1.8	2	3	2	2.4	2	3	2.6	2.8	2

此路段中路面平整度均值为 2.88mm。

附录 10 铁长线试验路后期检测数据

1. 裂缝检测

铁长线试验路裂缝检测结果见附表 68。

铁长线试验路裂缝检测结果（2019.5.14） 附表 68

序号	断面位置	裂缝长度（m）	裂缝宽度（mm）	裂缝形态	裂缝深度	备注
1	K27+862	2	3～5	横向	较浅	半刚性
2	K27+908	2	1～3	横向	较浅	半刚性
3	K27+951	2	3～5	横向	较浅	半刚性
4	K27+986	2	2～4	横向	较浅	半刚性
5	K28+101	4	1～3	横向	较浅	倒装
6	K28+103	8	1～3	横向	较浅	倒装
7	K28+304	8	5～8	横向	较浅	倒装
8	K28+384	8	6～10	横向	较浅	倒装
9	K28+545	4	1～3	横向	较浅	倒装
10	K28+709	7	2～4	横向	较浅	倒装
11	K29+225	8	1～3	横向	较浅	倒装
12	K29+355	8	3～5	横向	较浅	全柔性
13	K29+546	8	1～3	横向	较浅	全柔性
14	K29+640	8	1～3	横向	较浅	全柔性
15	K29+683	8	1～3	横向	较浅	全柔性
16	K29+765	8	1～3	横向	较浅	全柔性
17	K29+903	8	2～4	横向	较浅	全柔性

2. 平整度

铁长线试验路平整度检测结果见附表 69。

铁长线试验路平整度（mm）检测结果（左侧）（2019.5.14） 附表 69

序号	断面位置	1	2	3	4	5	6	7	8	9	10	备注
1	K27+800	1.4	2	1.6	3.4	3	2.8	3.6	3	2.8	2.4	半刚性
2	K27+900	2	2.4	1.8	1.4	1	1.8	3	1.6	1.6	1.4	半刚性
3	K28+000	1.8	1.8	2.4	1.4	1	1	1	2	1.6	1.4	倒装
4	K28+200	2.4	2.2	2.4	2.6	2	1.8	1	1.2	2	2.2	倒装
5	K28+300	1.6	1.8	1.4	1.4	1.4	1.2	1	1.4	1	1.4	倒装
6	K28+500	2.4	2.2	2.8	2.4	1.6	1.8	1.4	1.4	1	1.4	倒装
7	K28+700	1.4	1.4	1	1.4	1.4	1.4	1.8	2	1.2	1.6	倒装
8	K28+900	2.8	2	2	1	3	2.8	2.6	1.4	1.6	1.8	倒装
9	K29+100	2.4	2.2	2.4	2.4	2.2	2.6	2	2.6	2.4	2.4	倒装
10	K29+400	2.4	2.8	2.6	2.8	2.4	2.2	1.4	1.4	1.6	1.6	全柔性
11	K29+500	2	2	1.4	1.8	1.8	2.4	2	1.8	2.6	2.8	左侧
12	K29+500	2	2	2.4	2.4	1.8	2.8	2.4	2.8	2.6	2.8	右侧
13	K29+600	2.4	2	1.8	1.4	2.2	2	2.6	2.4	1.6	1.4	左侧
14	K29+600	2.4	2.4	1.8	1.8	1.6	2	2.4	1.4	2	2	右侧
15	K29+800	1.8	2.2	2.8	3	2.8	2.4	2.6	2.4	1.8	2	左侧
16	K29+800	2.8	3	3.4	3	2.6	2.2	2.2	2	2.8	2	右侧

此路段中路面平整度均值为 3.83mm。

附录 11 鞍山桓盖线试验路后期检测数据

（1）弯沉检测数据见附表 70。

鞍山桓盖线后期弯沉检测数据（2018.6）　　附表 70

桩　号	弯沉（0.01mm）		桩　号	弯沉（0.01mm）	
	左	右		左	右
K26+000	48	48	K26+500	50	57
K26+020	56	52	K26+520	45	66
K26+040	65	51	K26+540	52	43
K26+060	60	75	K26+560	48	60
K26+080	60	55	K26+580	72	66
K26+100	75	54	K26+600	61	47
K26+120	50	49	K26+620	65	60
K26+140	52	52	K26+640	71	60
K26+160	56	48	K26+660	70	71
K26+180	50	51	K26+680	56	61
K26+200	55	50	K26+700	75	72
K26+220	42	60	K26+720	70	67
K26+240	62	62	K26+740	68	75
K26+260	42	64	K26+760	58	50
K26+280	40	68	K26+780	52	61
K26+300	55	50	K26+800	50	45
K26+320	70	61	K26+820	70	50
K26+340	62	55	K26+840	70	67
K26+360	53	52	K26+860	50	67
K26+380	59	58	K26+880	43	53
K26+400	53	48	K26+900	70	66
K26+420	50	43	K26+920	73	52
K26+440	49	47	K26+940	65	57
K26+460	45	47	K26+960	65	56
K26+480	52	45	K26+980	65	60
平均值（0.01mm）57		标准差（0.01mm）9.17		变异系数（%）16	

（2）裂缝检测。鞍山桓盖线试验路裂缝检测结果见附表 71。

鞍山桓盖线后期裂缝检测结果（2018.6） 附表 71

序　号	位　置	裂缝宽度（mm）	裂缝长度	备　注
1	K276+40	1	全幅	碎石基层厚 12cm
2	K276+140	2	全幅	碎石基层厚 12cm
3	K276+160	1	全幅	碎石基层厚 12cm
4	K276+180	1	全幅	碎石基层厚 12cm
5	K276+280	2	全幅	碎石基层厚 12cm
6	K276+310	1	5m	碎石基层厚 12cm
7	K276+370	1	全幅	碎石基层厚 12cm
8	K276+460	2	全幅	碎石基层厚 12cm
9	K276+500	1	6m	碎石基层厚 15cm
10	K276+515	1	全幅	碎石基层厚 15cm
11	K276+535	1	全幅	碎石基层厚 15cm
12	K276+565	1	6m	碎石基层厚 15cm
13	K276+605	1	4m	碎石基层厚 15cm
14	K276+635	1	5m	碎石基层厚 15cm
15	K276+675	1	3m	碎石基层厚 15cm
16	K276+735	1	4m	碎石基层厚 15cm
17	K276+755	1	全幅	碎石基层厚 15cm
18	K276+775	1	全幅	碎石基层厚 15cm
19	K276+875	1	4m	碎石基层厚 15cm
20	K276+905	1	6m	碎石基层厚 15cm
21	K276+925	1	6m	碎石基层厚 15cm
22	K276+985	1	4m	碎石基层厚 15cm

桩号 K276+000—K276+500 路面结构中级配碎石层厚度为 12cm，此路段中路面破损率 DR 为：

$$DR = 100 \times \frac{w_i A_i}{A} = 100 \times \frac{1 \times 61 \times 0.2}{4250} = 0.287(\%)$$

桩号 K276+500—K277+000 路面结构中级配碎石层厚度为 15cm，此路段中路面破损率 DR 为：

$$DR = 100 \times \frac{w_i A_i}{A} = 100 \times \frac{1 \times 80 \times 0.2}{4250} = 0.376(\%)$$

鞍山桓盖线路面破损率情况对比如附图7所示。

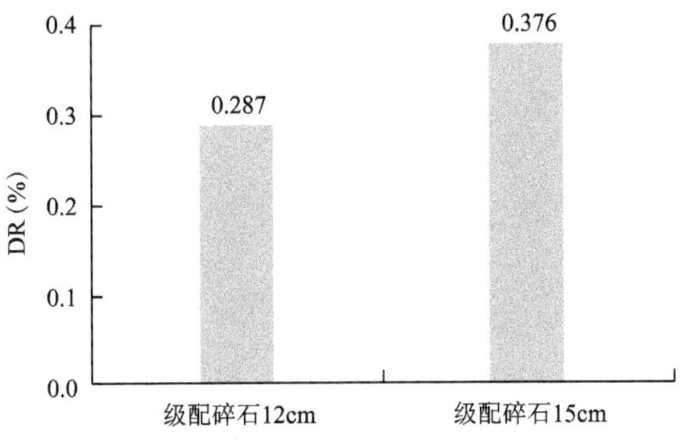

附图7　鞍山桓盖线路面破损率情况对比

参考文献

[1] 沙庆林 . 高速公路半刚性基层沥青路面 [M]. 北京：人民交通出版社，1998.

[2] 黄卫，钱振东 . 高等级沥青路面设计理论与方法 [M]. 北京：科学出版社，2001.

[3] 何敏 . 级配碎石基层沥青路面受力特性研究 [D]. 西安：长安大学，2009.

[4] 柳音 . 级配碎石柔性基层性能实验研究 [D]. 重庆：重庆交通大学，2008.

[5] 钟梦武，吴善周 . 级配碎石材料级配设计方法探讨 [J]. 公路，2007(06).

[6] 交通部 . 公路沥青路面施工技术规范：JTG F40—2004 [S]. 北京：人民交通出版社，2004.

[7] 交通运输部 . 公路路面基层施工技术细则：JTG/T F20—2015 [S]. 北京：人民交通出版社股份有限公司，2015.

[8] 王修山 . 级配碎石沥青路面材料与结构特性研究 [D]. 西安：长安大学，2010.

[9] 何兆益 . 碎石基层防止半刚性路面裂缝及其路用性能研究 [D]. 南京：东南大学，1997.

[10] 王磊 . 级配碎石基层抗剪强度设计标准的研究 [D]. 哈尔滨：哈尔滨工业大学，2007.

[11] 任瑞波，陈静云，王哲人 . 级配碎石材料动三轴试验的理论研究 [J]. 辽宁交通科技，2004(06).

[12] 袁峻 . 级配碎石基层性能与设计方法的研究 [D]. 南京：东南大学，2004.

[13] 陈静云 . 高等级公路柔性基层 (级配碎石) 研究 [D]. 大连：大连理工大学，2004.

[14] Graded Aggregate Material for Base or Sub bases for Highways or Airports[S]. ASTMD，2940-92.

[15] Standard Specification for Highway Construction of Road and Bridges on Federal Highway Projects.U.5[S]. Department of Transportation，Federal Highway Administration，1996.

[16] 曾俊 . 碎石材料本构关系模型综述 [J]. 公路与汽运，2006.

[17] Saha G, Biligiri K P. Fracture damage evaluation of asphalt mixtures using Semi-Circular Bending test based on fracture energy approach[J]. Engineering Fracture Mechanics, 2015, 142: 154-169.

[18] A. A Van Niekerk. Mechanical Behavior and Performance of Granular Bases and Sub-bases in Pavement[M]. Delft: Delft University Press, 2002.

[19] Sabine Werkmeister. Permanent Deformation Behaviour of Unbound Granular Materials in Pavement Constructions[D]. Dresden, 2004.

[20] Yixin Z, Shuang G, Yaodong J, et al. Characteristics of tensile strength and fracture properties of coal based on semi-circular bending tests[J]. Chinese Journal of Rock Mechanics and Engineering, 2016.

[21] Dinegdae Y H, Bjorn Birgisson. Effect of Heavy Traffic Loading on Predicted Pavement Fatigue Life[M]. 8th RILEM International Conference on Mechanisms of Cracking and Debonding in Pavements. Springer Netherlands, 2016.

[22] Dinegdae Y H, Birgisson B. Effects of truck traffic on top-down fatigue cracking performance of flexible pavements using a new mechanics-based analysis framework[J]. Road Materials and Pavement Design, 2016: 1-19.

[23] Tang S. Evaluate the fracture and fatigue resistances of hot mix asphalt containing high percentage reclaimed asphalt pavement (RAP) materials at low and intermediate temperatures[J]. Dissertations & Theses-Gradworks, 2014.

[24] Dinegdae Y H, Bjorn Birgisson. Reliability-based calibration for a mechanics-based fatigue cracking design procedure[J]. Road Materials and Pavement Design, 2016, 17(3): 18.

[25] Wei L Y, Liu J L, Ma S B, et al. Study on the Performance of Graded Gravel Road Base in Freeway Asphalt Pavement[J]. Applied Mechanics and Materials, 2012, 178-181: 1649-1652.

[26] Zhang X, Kriech A J, Huber G A. Critical evaluation of the Superpave performance prediction model for permanent deformation and supporting theory[J]. Research Update, 1997(1322): 17.

[27] Ji X, Zheng N, Niu S, et al. Development of a rutting prediction model for asphalt pavements with the use of an accelerated loading facility[J]. Road Materials and Pavement Design, 2016, 17(1): 17.

[28] Du J C, Shen D H . Development of pavement permanent deformation prediction model bygrey modelling method[J]. Civil Engineering and Environmental Systems, 2005, 22(2): 109-121.

[29] Alaswadko N，Hassan R，Meyer D，et al. Probabilistic prediction models for crack initiation and progression of spray sealed pavements[J]. International Journal of Pavement Engineering，2016：1-11.

[30] Zhao Yongli. A Mechanical Model for Three-phase Permanent Deformation of Asphalt Mixture under Repeated Load[J]. Journal of Wuhan University of Technology(Materials Science Edition)，2009，24(6)：1001-1003.

[31] Banerjee A，Prozzi J A，Aguiarmoya J P. Calibrating the MEPDG Permanent Deformation Performance Model for Different Maintenance and Rehabilitation Strategies[C]// Transportation Research Board Meeting，2010.

[32] 李福普，严二虎，等 . 沥青稳定碎石与级配碎石结构设计与施工技术应用指南 [M]. 北京：人民交通出版社，2009.

[33] 李浩 . 级配碎石基层沥青路面力学性能研究 [D]. 西安：长安大学，2008.

[34] Barksdale. R. D. Laboratory Evaluation of Rutting in Base Course Materials[C]//Proceedings 3rd International Conference on the Structural Design of Asphalt of Pavement，University of Michigan，1972：161-174.

[35] 张洪亮 . 移动荷载作用下路基中压应力测试 [C]// 第五届交通运输领域国际学术会议论文集，2005.

[36] 王龙，孟书涛，徐全亮 . 级配碎石基层的设计参数研究 [J]. 公路交通科技，2006(08).

[37] 交通运输部 . 公路路基路面现场测试规程：JTG E60—2008 [S]. 北京：人民交通出版社，2008.

[38] 岳福青，杨春风，魏连雨 . 半刚性基层沥青路面反射裂缝形成扩展机理与防治 [J]. 河北工业大学学报，2004(01).

[39] 刘美蓉，赵忠良 . 论沥青路面反射裂缝的危害及其防治措施 [J]. 中小企业管理与科技，2008(22)：165-165.

[40] 李建国 . 浅析半刚性基层沥青路面反射裂缝成因及防治 [J]. 今日科苑，2008(15)：128.

[41] 詹海玲 . 半刚性基层沥青路面反射裂缝综合防治 [J]. 公路工程，2008，33 (1)：122-134.

[42] Irwin. G R. Analysis of stress and strains near the end of a crack traversing a plate[J]. Materials Science，1957，24：361-364.

[43] 尹双增 . 断裂、损伤理论及应用 [M]. 北京：清华大学出版社，1993，1-15.

[44] 黄克智 . 脆性断裂力学 [M]. 北京：科学出版社，1990，6-19.

[45] Griffith A A. The Phenomena of Rupture and Flow in Solid[J]. Philosophical Transaction of Royal Society of London，1921，221：163-197.

[46] 范天佑 . 断裂理论基础 [M]. 北京：科学出版社，2003.

[47] 廖公云 . 高速公路沥青路面基层类型选择与性能优化研究 [D]. 南京：东南大学，2004.

[48] 廖公元，黄晓明 . ABAQUS 有限元软件在道路工程中的应用 [M]. 南京：东南大学出版社，2008.

[49] 沈金安 . 国外沥青路面设计方法总汇 [M]. 北京：人民交通出版社，2004.

[50] 孙立军 . 沥青路面的结构行为理论 [M]. 上海：同济大学出版社，2003.

[51] 鲁华征 . 级配碎石设计方法研究 [D]. 西安：长安大学，2006.

[52] 交通运输部 . 公路沥青路面设计规范：JTG D50—2017 [S]. 北京：人民交通出版社股份有限公司，2017.

[53] 朱洪洲 . 柔性基层沥青路面疲劳性能及设计方法研究 [D]. 南京：东南大学，2005.

[54] 姚祖康 . 对国外沥青路面现行设计指标的评述 (连载一)[J]. 公路，2003.

[55] 张群群 . 级配碎石动态回弹模量及抗剪强度试验研究 [D]. 北京：北京工业大学，2016.

[56] 吴启诚 . 级配碎石无侧限抗压回弹模量影响因素分析 [J]. 中外公路，2014(04)：283-284.

[57] 徐云晴 . 级配碎石基层级配设计与应用研究 [D]. 重庆：重庆交通大学，2010.

[58] 李頔 . 级配碎石材料力学特性和设计方法研究 [D]. 西安：长安大学，2010.

[59] 交通运输部 . 公路路面基层施工技术细则：JTG/T F20—2015[S]. 北京：人民交通出版社股份有限公司，2015.

[60] 孙立军，等 . 沥青路面结构行为理论 [M]. 北京：人民交通出版社，2005.

[61] 胡春华 . 沥青路面弯沉修正系数研究 [D]. 上海：同济大学，2005.

[62] 胡小弟 . 轮胎接地压力分布实测及沥青路面力学响应分析 [D]. 上海：同济大学，2003.

[63] 曹明明 . 刚柔复合式基层沥青路面结构特征与荷载响应分析 [D]. 成都：西南交通大学，2018.

[64] 刘景莉 . 高速公路级配碎石基层沥青路面结构性能研究 [D]. 天津：河北工业大学，2012.

[65] 刘玉峰 . 级配碎石设计方法与施工工艺研究 [D]. 西安：长安大学，2016.

[66] 刘高明 . 高等级公路级配碎石基层配合比设计与施工技术分析探讨 [J]. 中外建筑，2010(06)：208-209.

[67] 陈璟 . 山西重载交通沥青路面结构与材料研究 [D]. 西安：长安大学，2012.

[68] 马骉，王秉纲 . 基于抗变形能力的级配碎石组成设计方法 [J]. 长安大学学报 (自然科学版)，2007(09).

[69] 王哲人，曹建新，王龙，等 . 级配碎石混合料的动力变形特性 [J]. 中国公路学报，2003(01).

[70] 韩志强 . 级配砂砾石的路用性能调查与研究 [J]. 城市道桥与防洪，2005(05).

[71] 蒋应军，李頔，马庆伟，等 . 级配碎石力学性能影响因素的试验研究 [J]. 交通科学与工程，2010，26(01).

[72] 龚璐 . 级配碎石基层级配设计及应用研究 [D]. 长沙：长沙理工大学，2008.

[73] 王旭东 . 沥青路面弯沉指标的探讨 [J]. 公路交通科技，2015，32(1)：1-10.

[74] 张慧彧 . 超载作用下半刚性基层和柔性基层沥青路面结构的力学分析 [J]. 公路交通技术，2011(06).